JN243550

令和時代に万葉集から学ぶ古代史

中津攸子
Nakatsu Yuko

コールサック社

はじめに

二〇一九年の今年、五月から年号が『万葉集』巻五の大伴旅人の梅花を詠んだ序文の中の「初春の令月にして気淑く風和ぎ」から採用され「令和」に改められた。

『万葉集』は日本最古の歌集であり、日本文化の原点で、約四千五百首の歌が集められている。歌の作者は全国津々浦々の老若男女、天皇から乞食まで、あらゆる階層の人々であることは、世界的に見て特に誇るべき特質である。

『万葉集』に歌われている期間は、古代国家誕生から、律令政治が揺るぎ出すまでの約三百五十年にわたる激動の時代である。

万葉時代の激動と内容は違っても、激しい変化が予測されている「令和」の時代を生きる私たちが、日本民族の宝である『万葉集』を手にして親しめば、『万葉集』は読む人の心を果てしなく澄み渡らせずにはおかない感動を惜しみなく与え、「令和」の年号にふさわしく穏やかで、気高くて、安らかで、平和な時代を生きる一人との満ちた思いを呼び覚ましてくれるはずである。

『万葉集』は、古代国家が誕生して間もない5世紀から、聖徳太子の文化運動を経て、やがて唐の東方進出政策ゆえに、――このままでは我が国が危ない。国内権力の集中を計り、唐のように律令に基づく国家を建設することが急務である――と考えた中大兄皇子が、中臣鎌足や蘇我石川麻呂らの協力を得て、蘇我蝦夷や入鹿を倒し、「大化の改新」を断行。

こうして中央集権国家の建設に成功しつつあった時、中大兄皇子は百済の要請に応じて軍船を出し、唐・新羅の連合軍と白村江で戦って敗北。勝った勢いで唐、新羅の連合軍が我が国に攻めて来るかも知れないと、都を港から遠い近江に移し、王権中心の政治を行ない、古代国家の形態を整えていった。

やがて天智天皇（中大兄皇子）は、長年の協力者で皇太子の弟、大海人皇子にでなく、我が子、大友皇子に皇位を継承したいと長子相続を望み、大友皇子を政治の中心に据えたものの、間もなく亡くなられた。

そのため大友皇子と大海人皇子が皇位をめぐって争い、全国的規模で一か月に及ぶ古代最大の内乱「壬申の乱」を戦い、敗れた大友皇子は自害し、大海人皇子が政権を掌中にした。

といった事々を経て、やがて律令政治に崩壊の兆しが見え始める八世紀までの人々の生命の躍動を感じさせずにはおかない様々な歌が『万葉集』に集められている。

この『万葉集』に歌われている約三百五十年の間に天皇の御在所も「飛鳥(あすか)の宮」、「近江京」、「藤原京」「平城京」と遷都された。そのあたりの事情も克明に『万葉集』に詠まれている。

『万葉集』は二十巻から成り、分かっているものについては年代順に正確に並べられている。そして四千五百首の歌のうち約半数の歌に記名がなく作者が分かっていない。

作者不詳の歌は庶民の歌が多い。しかし中には、大和朝廷が勢力東漸(とうぜん)のために軍隊を送って滅ぼしたなどの事実を詠んでいる「真間(まま)の手児奈(てこな)」や「水の江浦島」などの歌には下級官吏だった高橋虫麻呂(たかはしのむしまろ)の記名がなく『高橋虫麻呂歌集』に記載されていて作者が分かる。このように意図的に名を伏した歌もある。

『万葉集』の中には多くのドラマがある。

『万葉集』の歌の詠まれた古代国家が作り上げられて行く時代は、時代そのものがドラマチックなので、その当時の文化遺産である「万葉の歌」がドラマを浮き上がらせるのは当然かもしれない。

僅か一首の歌の中に直接歌われているドラマもあれば、いくつかの歌を詠み合わせていくうちに浮かび上がってくるドラマもある。見方によれば『万葉集』は、壮大な多くの事件を見事にドラマチックに浮き上がらせてくれる歌集である。それ故に大伴家持（やかもち）の編纂の意図の中に歴史的事実を後世に伝えたいとの思いがあったと思いたくなるほどである。

そこで私は一首一首に拘泥（こうでい）することなく「万葉の歌」の背後に隠されているドラマを探り、大いに楽しんでこれまで『万葉集』を読み続けて来た。

ところが、万葉の歌からこの時代のドラマを読みとってみると、あながち単純、明朗、素朴、率直、ますらおぶりだけが万葉の歌の代表的素質ではなく、陰湿、傲慢、駆け引きなど人間の持つすべてのありようが表現されている。そこには古代だから素朴、率直、明朗などと考える現代人の憧れなど、ものの見事に打ち砕く内容がある。

それ故に『万葉集』は、作られた先入観から離れ、ありのままを受け入れ、自由で何物にもとらわれずに読んで、はじめて生命の息吹く秀れた歌集となる。

『万葉集』の内容は愛の歌「相聞（そうもん）」、死を悼む歌「挽歌（ばんか）」、その他「雑歌（ぞうか）」に大別される。無私になって人を愛した時、大切な人の死に涙する時、人は生まれたままの穢れのない純粋な思いに包まれる。この純な真心の世界が万葉集を貫く日本人の魂の息吹であり、五・

七調のリズムを通し、千二百年余りを隔てた今日の私たちの胸を見事に震わせる。

もちろん『万葉集』の中心は舒明天皇（在位六二九～六四一）以後の百年間である。その証のように七世紀中葉から八世紀中葉にかけての歌が多く収録されている。そしてその間のドラマの頂点が「壬申の乱」である。

ということは大和朝廷の誕生以来、朝廷内にうごめいていた勢力争いが、聖徳太子の文化運動やら、中大兄皇子の「大化の改新」を経て、決定的な皇室の勝利に終わる異常に緊張した時代の終焉が「壬申の乱」であり、この過程をさりげなく歌で綴っているのが『万葉集』であるとも言える。

この辺りの事情を「万葉の歌」で探ってみると、新しい事実を発見したりして実に楽しめるし考えさせられる。

例えば中大兄皇子の両親がどんな人だったのか、なぜあまりにも長い間即位しなかったのか、といった事など出来る限り歌の作者の詳細を探って行く。もちろん歌なので、その人物の人間像がすべて出ているわけではない。とはいえ、歌だから、その人の特質がにじみ出ているとも言える。

私はこれらの歌一首一首から想像できる範囲内で人物像を想起し、同時に時代背景も探ろうと試みた。そしてバラバラに収録されている万葉の歌を縫い合わせ、綴り合せて「大化の改新」から「壬申の乱」を経て文武天皇が即位するまでの、血で血を洗う激しい時代の有様を具現化してみたつもりである。言いかえれば『万葉集』の中心的なドラマを書き尽くしたつもりである。

この原稿を手掛けた当時、奈良で「大津皇子」等の名を記した木簡が出土し、『萬葉集』の歌からその時代の背景を探ろうとしていた私の努力と木簡の発見とが、はからずも時を一にしたと感慨深く思ったものであった。そして今回、佐倉（千葉県）で『万葉集』の講義を四月から始めることになって万葉集の原稿を見直し、加筆訂正していたところ、はからずも年号が「令和」であると発表された。

今、改めて「令和」が年号に選定されたことを心から寿ぎ、コールサック社の鈴木比佐雄氏の全面的な協力をいただき、出版に至った偶然の重なりに、人為以上の働きを感じ、ただただ感謝している。

二〇一九年　春

中津攸子

中津攸子『令和時代に万葉集から学ぶ古代史』　目次

はじめに

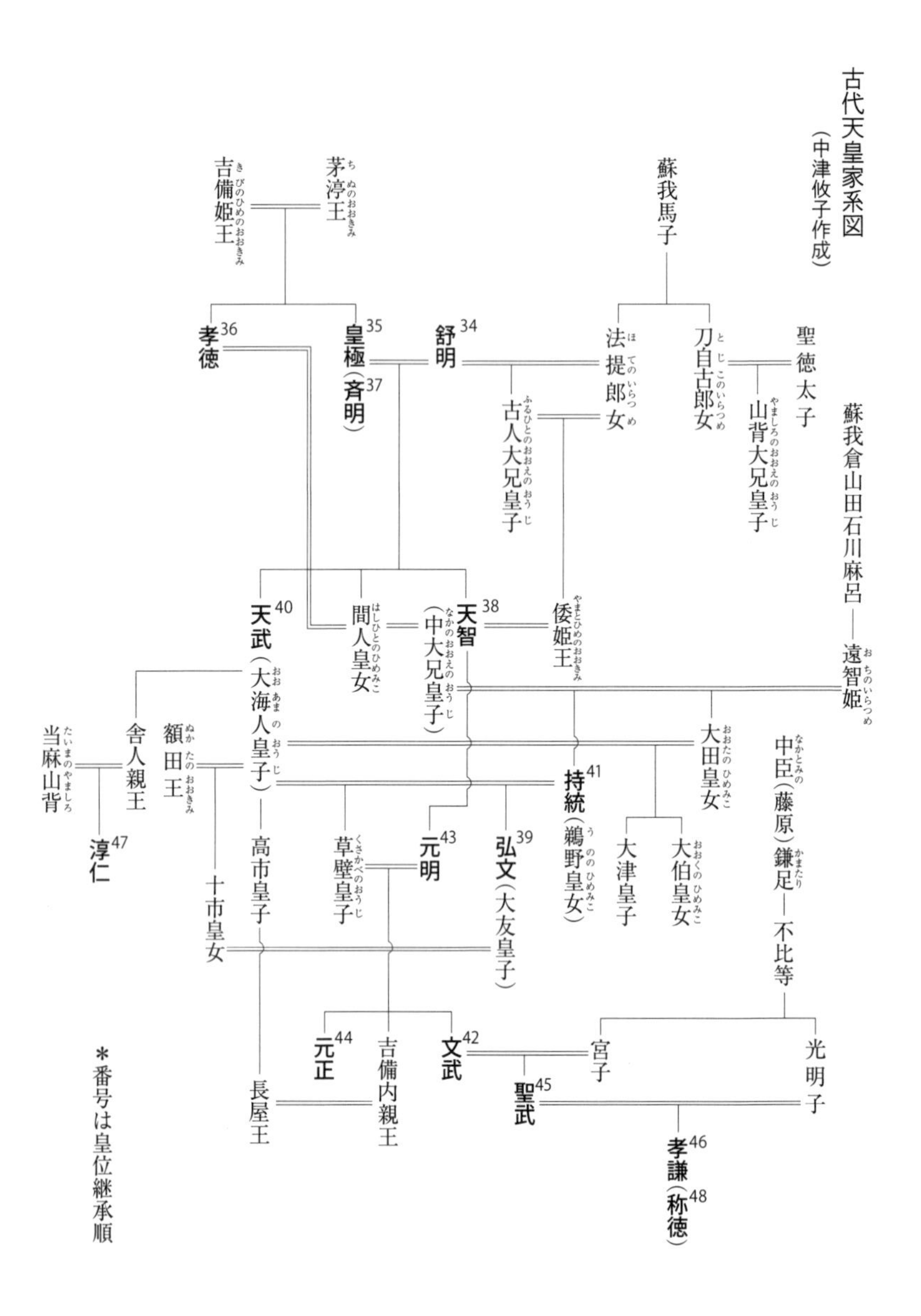
古代天皇家系図
（中津攸子作成）
蘇我馬子
聖徳太子
刀自古郎女
法提郎女
山背大兄皇子
古人大兄皇子
茅渟王
吉備姫王
舒明 34
皇極 35（斉明 37）
孝徳 36
蘇我倉山田石川麻呂
遠智娘
倭姫王
天智 38（中大兄皇子）
間人皇女
天武 40（大海人皇子）
大田皇女
持統 41（鸕野皇女）
中臣（藤原）鎌足
不比等
大伯皇女
大津皇子
弘文 39（大友皇子）
元明 43
草壁皇子
高市皇子
額田王
十市皇女
舎人親王
当麻山背
淳仁 47
光明子
宮子
文武 42
吉備内親王
元正 44
長屋王
聖武 45
孝謙 46（称徳 48）
＊番号は皇位継承順

令和時代に万葉集から学ぶ古代史

1　傀儡の天皇政権——舒明帝と蘇我氏

「夕されば小倉の山に鳴く鹿は……」
——眠られぬ舒明天皇の「孤絶」と心のかげり——

鹿の鳴き声に耳すます舒明天皇

夕されば小倉の山に鳴く鹿は今夜は鳴かず寝ねにけらしも　（巻八—一五一一）

〈いつも夕方になると小倉の山に鳴く鹿が今夜は鳴かない。もう寝たらしい。〉

澄んだ静けさの中に、一筋の張りを感じさせるこの歌は、中大兄皇子の父、舒明天皇の作である。小倉山が現在のどこの山か分かっていないが、舒明天皇のおられた飛鳥の岡本宮近くであろう。

恋する人の声を待つように鹿の声を待って耳を澄ましている天皇。いくら待っても鹿の声は聞こえてこない。――もう寝たんだな。今夜も鹿の声を聞いてから休みたかったが仕方がない。寝るとしよう。鹿よ、お休み――と鹿に呼びかける。舒明天皇は自然に囲まれ、自然ととけ合って生活している、そんなのびやかで素朴な宮廷生活がこの歌からうかがえる。しかし、鹿への親しげな呼びかけと鹿に注ぐゆったりとした愛情を読みとるだけでいいのだろうか。

政争のただ中であわただしく生活する権力者が、毎夜鹿の鳴く声を待って寝る、というのは少々おかしい。仕事に疲れ果て、横になったとたんに寝込む、といった生活をよぎなくされるのが為政者の姿であるはずなのに舒明天皇は夜ごと鹿の声に耳を傾けている。要するに、鹿の鳴き声を待って、その鳴き声に自分の思いを共鳴させ、わが心を慰めてから寝ることが毎夜の習いになっているらしいのは、天皇の心に深いかげりがあるからではないか。

この歌に見られる天皇の思いは、天皇にふさわしい政治への意欲ではなく、むしろ説明しがたいわびしさである。

私は一度だけ鹿の鳴き声を聞いたことがある。鹿島神宮の裏手でのこと。高く澄んだ鹿の鳴き声が神域の静けさをふるわせた。するとそれ以前の静けさよりさらに、あたりは深い静けさに包まれ、牝を呼ぶ澄明な鳴き声は悲しいまでに美しい余韻となって私の耳朶(じだ)に流れた。

蘇我馬子の墓といわれる石舞台

その鳴き声を聞いたとき、私は舒明天皇のこの歌を思い出し、それまでおぼろに感じていた歌の真意である歌の背後の天皇のわびしさが見えた。鹿の鳴き声をただ待っている天皇の心はだれの心の奥底にもひそんでいる「孤絶」の世界を見つめていたのだ。

政治の頂点に位置する舒明天皇の心が、どうしてこんなにもわびしいのであろう。

もちろん天皇の思惑どおりに政治が動いていなかったためである。舒明天皇は大豪族、蘇我(そが)氏の勢力に太刀打ちできなかった。先代、推古(すいこ)天皇の摂政・聖徳太子の英知と努力で諸豪族より天皇の力がぬきんでたにも関わらず、そのあとを継いだ舒明天皇の力は縮小の一途をたどっていた。聖徳太子は、天皇の権力を強めるために冠位十二階の制を決めた。冠位十二階とは十二色の冠の順位を決め、「あなたはこの色の冠です」と冠を授ける。だれにどの冠を授けるかの決定権は天皇にあるから、この制度はそれまで単なる大豪族のリーダーだった天皇の地位を推し上げ、より強固なものにした。

この聖徳太子の施策は、いわばそれまでは同列だった大豪族から見れば出すぎていた。だから力の強かった蘇我氏はこの冠を拒否し、次第に政治の中心から聖徳太子の締め出しを図った。推古女帝が即位四年に、蘇我氏の邸の一部だった豊浦宮に入ったことでもわかるように、蘇我氏は聖徳太子と並ぶ高官であった。聖徳太子はやがて斑鳩(いかるが)にひきこもり、仏典解釈に力を入れるほかなくなったほど諸豪族たちの聖徳太子の政治への抵抗は強かった。

ゆえに聖徳太子の決めた冠授与の式典を舒明天皇が行なおうとしても、蘇我氏をはじめ大豪族は宮廷に出仕せず、蘇我氏の邸に集まってこの制度を笑っていた。

蘇我馬子(うまこ)も蝦夷(えみし)もそれなりに傑出した人物だった。内外の情勢に明るく、進歩的で、そのうえ人心の把握にも秀でていた。蘇我氏をこそ天皇に……と先ばしる人物も出ていたほどで、宮廷の要人たちの蘇我氏への支持は強かった。だからこそ蘇我氏は天皇のようにふるまった。蘇我氏がわがままで天皇の権威をないがしろにした、と戦前までは記されていたが、蘇我氏が天皇のようにふるまっても周囲がそれを当然と受け取るほどの力をもっていたのである。

舒明天皇の歌の背後に見られるわびしさは、こんなところに原因があったのではないか。天皇が病弱だったと伝えられるのも、天皇の心がふさがれる日が多く悶々としていたためかも知れない。

舒明天皇に忍び寄るかげり

大和には　群山(むらやま)あれど　とりよろふ　天(あめ)の香具山(かぐやま)　登り立ち　国見をすれば　国原(くにはら)は　煙立ち立つ　海原(うなはら)は　鷗立ち立つ　うまし国ぞ　あきつしま　大和の国は
（巻一—二）

〈大和にはたくさんの山々があるが、なかでも都に寄りそっている天の香具山は美しい。その香具山に登って国見をすると、大和平野のあちこちに煙が立ちのぼっている。池には水鳥が舞い立っている。大和の国はよい国である。〉

舒明天皇が国事の一つとして歌った「国見」の歌である。香具山は、天から降った神の山と信じられていた。その香具山に登って国見をするのは、天皇がその年に耕す土地を決めるためで、古来、天皇が農耕の指導者だったころからの重要な伝統的行事である。儀式のためのこの歌の内容は明るく活気にあふれ、単純で朗々としている。

全体に、五月の風のようにさわやかな味わいがあり、国原の緑と鷗の白との対比も巧みで、広大な気魄（きはく）に満ちている。仁徳（にんとく）天皇が民のかまどから煙が立ち上っていないのを見て免税し、煙の立ち上るのを見てはじめて税をとったという伝説があるが、天皇の国見は民情視察を兼ねての行事だった。

大和平野のあちこちに煙が立ち上っているのは、民が豊かに暮らしているということであり、健やかに農作業をしているということで、結構ずくめな歌である。事実がそれほどではなくても素晴らしかった、と読み上げる儀礼的・形式的な雰囲気がこの歌にはただよっている。たぶんこの国見の行事には、蘇我氏をはじめ諸豪族も参列したと思われる。胸を張り、高らかに祝ぎの歌を朗詠する天皇の姿が見えるようである。この国見の歌は舒明天皇が即位してまだ間もない頃のものであろう。ぴんと張った歌の響きからは舒明天皇が王者にふさわしい大きさと、凛とした強さを合わせもっていたことを感じさせる。実際、天皇即位当時は、聖徳太子をしのぐほどの政治を行なうことを考えていたかも知れない。

中大兄皇子の妹、間人皇女が、父の舒明天皇に捧げた長歌と短歌があり、そこには舒明天皇が伴人を連れ、雄々しく狩に出る姿が歌われている。間人皇女は雄々しい父をまぶしく仰いでいる。

やすみしし　わが大君の　朝には　とり撫でたまひ　夕には　い倚り立たしし
御執らしの　梓の弓の　金弭の　音すなり　朝猟に　今立たすらし　暮猟に　今立
たすらし　御執らしの　梓の弓の　金弭の　音すなり　（巻一―三）

〈大君が、朝には手をとって撫でられ、夕方には側に寄って立たれ、いつも手にとっていらした梓の弓の金弭の音がしている。今、朝の狩にお出になるらしい。今、夕べ

の狩にお出になるらしい。梓の弓の金弭の音がしている。〉

＊金弭とは弓の両端でつるをかけるところが金属でできているもの。弓の上等品。

反　歌

たまきはる宇智(うち)の大野に馬並(な)めて朝踏ますらむその草深野(ふかの)　（巻一―四）

〈宇智の広々とした野に馬を並べて、朝の狩をしていられる、その草深い野のようすが目に見えるようだ。〉

草の匂いまでしてくるようなこの歌には、父・舒明天皇の勇姿をほこらしげに歌い上げる娘の真情があふれている。娘から見た父は勇者なのだ。

「たまきはる」は「魂きわまる」で魂の極限のこと。だから、「たまきはる宇智」は大和の果ての宇智のこと。宇智郡は北に葛城金剛山があり、前に吉野川が流れている。しかし吉野川と呼ばれるのは、大和のうちの五条までで、それより下流は紀ノ川となる。同じ川にある二つの呼称からも宇智が大和のきわみだということがわかる。

舒明天皇は即位の翌年（六三〇年）に聖徳太子の例にならって遣唐使を送るなど、進取の気性にあふれ、政治に力を入れていた。しかし、それもこれも蘇我氏の後ろ楯があってのことで、次第に蘇我氏の強大な勢力に押され、微妙なかげりを見せはじめる。そのかげりが最初にあげた「夕されば」の小倉山の歌に歌われているのである。

この天皇のかげりは皇后・宝皇女の歌と一般には信じられている長歌一首、短歌二首にも克明に現われている。

2 宝皇女と蘇我入鹿暗殺の謎

「昼は日の暮るるまで夜は夜の……」

――作者は宝皇女でなく舒明天皇――

宝皇女と蘇我氏

万葉集に宝皇女が、夫・舒明天皇に捧げたとされる長歌一首、短歌二首がある。

神代より　生れ継ぎ来れば　人多に　国には満ちて　あぢ群の　去来は行けど　わが恋ふる　君にしあらねば　昼は　日の暮るるまで　夜は　夜の明くる極み　思ひつつ　眠も寝がてにと　明しつらくも　長きこの夜を

（巻四―四八五）

〈神代からつぎつぎと生まれ継いで来たので、人がたくさん国に満ちて、あぢ鴨の群れのように行き来しているが、私が恋い慕うあなたではないから、昼は日の暮れるまで、夜は夜の明けるまで、慕い続けて少しも眠れず、明かしてしまったことだ。この長い夜を。〉

夫の舒明天皇が人々の中にいないのを寂しく思っている穏やかな歌。愛する人の呼びかけてくれる声を、愛する人の近づく気配を待つ、やわらかな女心を歌った歌というのが定説。

「あの人々の群れの中にあなた（君）がいるかも知れない」と期待した。しかし愛する人の姿はその中にはない、というのだから当然作者は宝皇女ということになっていた。しかし事実は、作者が宝皇女でなく舒明天皇その人なのである。

というのは、この歌に「岡本天皇の御製一首、ならびに短歌」と書いてあるからである。

岡本には、

飛鳥岡本宮（あすかのおかもとのみや）　舒明天皇二年〜八年（六三〇〜高市岡本宮）

後（のちの）飛鳥岡本宮　斉明天皇二年〜六年（六五六〜前と同じ所）

の二つの時代の宮都があり、宝皇女がのちの斉明天皇（後述）なので、先の歌を、岡本天皇だけでは舒明天皇か斉明天皇かわからないが「君」とあるので斉明天皇だ、という短絡的な筋書きが作られていた。

ところが、万葉集では斉明天皇の時代はかならず後岡本宮と表記している。例えば巻一の、額田王の「熟田津に船乗りせんと……」の歌（後述）などを集めているところでは、

後岡本宮に天の下知らしめしし天皇の代

とある。巻二の挽歌のところでは有間皇子が自ら傷みて松が枝を結ぶ歌（後述）のくだりにも、同じく、

後岡本宮に天の下知らしめしし天皇の代

とある。だから、もし先の歌が宝皇女の歌なら、「後岡本天皇の御製一首、ならびに短歌」と書かれていなくてはいけない。万葉編纂のときにはもう、舒明天皇は岡本天皇、斉明天皇（宝皇女）は後岡本天皇と区別されているので、万葉集に、岡本天皇とある以上、作者は舒明天皇である。こんな明確なことがどうしてまちがえられたのか不思議である。

さらにつけ加えれば、「神代より生れ継ぎ来れば、人多に国には満ちて……」というの

は、どうも理屈っぽくて宝皇女の感性とは違うようだ。

ところで、万葉集に書かれているとおり、この歌が舒明天皇の歌であるとすると、いくつかの疑問が生まれることになる。

なぜ、天皇ともあろう人が、まるでものかげから見ているような形で宮廷要人の群れをながめているのか。なぜ、その群れの中に宝皇女がいて欲しいと思っているのか。作者が舒明天皇だとすると、実におかしなことになってしまう。だから、歌の作者を宝皇女ということにして、今までなんとかつじつまを合わせて来たのである。

もう一度順序を追ってこの歌がなぜ、宝皇女の歌ではなく、舒明天皇のものと断定できるのか、私の考えをつけ加える。

作者が宝皇女であるという定説の根拠は単純である。歌の中に、「わが恋ふる君にしあらねば」の一節があるためである。要するに、君というのは、女性が男性に使うことばで、男性が女性を君と呼ぶことはない、ということだけなのだ。ところが、男性が女性を「君」と呼びかけた例が、万葉集や日本書紀などにいくつも見られる。

君とは、女性だけが使うものと思い込む固定観念が、歌の作者を取り違えてしまったのである。当時の歌で、男性が女性に「君」と呼びかけた例をあげてみよう。

例Ⅰ

君が目の恋しきからに泊(は)ててゐてかくや恋ひむも君が目を欲(ほ)り　（日本書紀）

中大兄皇子が、母・斉明天皇（宝皇女）が亡くなったときに歌った歌（後述）。この歌の中の君は斉明天皇のことである。「おかあさん、もう一度目をあけて」と呼びかけているのだから。

例Ⅱ

降り降らずとの曇る夜は濡れひづと恋ひつつをりき君待ちがてり　（巻三―三七〇）

〈雨が降ったり止んだりして一面に曇っている夜は、濡れるものだから、おいでがないことと寂しく思っていました。一方ではおいで下さるかとお待ちしながら……。〉

この歌は安倍広庭卿(ひろにわのまへつきみ)のものなので、完全に男性が女性を君と呼んで歌っている。しかもこの歌は、男性が女性の訪れを待っている歌である。古代は男性が女性の許へ通う通い婚だったために、「この歌は作歌事情に明瞭を欠くのでわかりにくい」と、岩波書店刊の『日本古典文学大系・万葉集』にはわざわざ断り書きまで添えてある。何がわからないかというと、

①男性が女性を君と呼んでいること

②男性が女性の訪れを待っていること

の二点である。しかし男性が女性を君と呼ぶことがあるというのは先の歌で見たとおりである。

また、ものごとにはかならず例外があるということを、どうして歌の解釈に先立って前提としないのか。固定観念にとらわれず事実ありのままを見なくては実体はつかめない。

同じく万葉集の下総の国の歌の中に、

鳰鳥(におどり)の葛飾早稲を饗(にえ)すともその愛(かな)しきを外に立てめやも　（巻一四―三三八六）

という歌がある。葛飾の早稲を神に供える神事にたずさわっている男性が、訪ねて来て

外に立ち、神事の終わりを待ちわびている女性が気になって仕方がない。たとえ神事だからといって、かわいいあの娘をいつまでも外に立たしておけようか、という意。神さまに仕えることよりもかわいいあの娘が優先する、というのだ。神々の支配から人間が脱出し、人間独立宣言を歌っているともいえるこの歌の中の娘は、男を訪ねている。しかも神に仕える男を訪ねて外に立ちつくして男を待っている。

この歌には神事にたずさわっているのは女性であって外で待っているのは男性との説がある。どちらにしても人間が神の支配から独立して行く兆しを見せていると言える歌である。

例　Ⅲ

秋風の寒き朝明を佐農の岡越ゆらむ君に衣貸さましを　（巻三―三六一）

〈秋風の寒い明け方、佐農の岡を今頃は越えているであろうあなたに、衣をお貸しすればよかったものを。〉

山部赤人が女性にかわって詠んだ歌だという説のあるもの。

赤人が女性にかわって詠んだといわれるのは、
①君は女性の使う言葉
②異性のもとに通うのは男性
との固定観念があるため。しかしここでも、女性が赤人に逢いたくて、佐農の岡を越えて忍んで逢いに来て、明け方帰って行くと解釈していいのではないか。とすれば、まだ人の起き出さない未明に帰って行く、激しくかわいい女の姿が詠まれている、ともいえる。

そこで気がつくことは、

「男性が女性を君と呼ぶのは、男まさりの激しい女性のことである」

と。愛さなくてはいられない女性なのだけれども、女のすさまじさ、業（ごう）のようなものをもっている女性である。夜、ひとりで佐農の岡を越えて男の許を訪ねたりする、当時の常識に縛られぬ、自由な女、現代でいうところの翔んでる女、個性の強い女を「君」と呼んでいるのではないかと思われる。

それ故に、最初の宝皇女の作だといわれている歌が、実はそうではなく、作者は宝皇女の夫・舒明天皇で、「わが恋ふる君」の「君」とは宝皇女のことだと私は断言したい。

宝皇女は男まさりの勝ち気な女性だったといえそうだ。とにかく何首かの先の歌でもわかるように男性でも女性を君と呼ぶことがあるので、「わが恋ふる君」とあるだけで、舒明天皇の歌と明記されている歌を宝皇女の歌、としつづけて来た従来の定説は改められてよい。

さらにくり返せば、「神代より生れ継ぎ来れば、人多に国には満ちて……」というのは、どうも理屈っぽくて、宝皇女の感性とは違うようだ。この歌には反歌がある。

反　歌

山の端にあぢ群騒ぎ行くなれどわれはさぶしゑ君にしあらねば　（巻四―四八六）

〈山の稜線のあたりに、あぢ鴨が群がってさわいで行くけれど、私は寂しい。あなたではないのだから。〉

恋い慕う人に逢えない寂しさを歌った舒明天皇の歌である。

前の長歌から、鴨に託して、人々の群れて行くようすを歌ったものだということはわかる。
人々が楽しげに集い、さざめいて通って行く。その中に宝皇女の姿を探し、「ああ、やっぱりいない」と落胆している天皇。天皇はどうして人々の中に宝皇女がいないことにがっかりするのだろうか。

その答えを出すに先立って、まず当時の天皇となる資格のある人を見てみよう。（左図参照）

名前に「大兄」とついている人が天皇になる有力候補者である。三人の候補者のうち、山背大兄皇子と古人大兄皇子は蘇我馬子の孫。舒明天皇が即位したときすでに山背大兄皇子は天皇候補者だったが、蘇我氏は山背大兄皇子を天皇にする気持ちはまったくなかった。

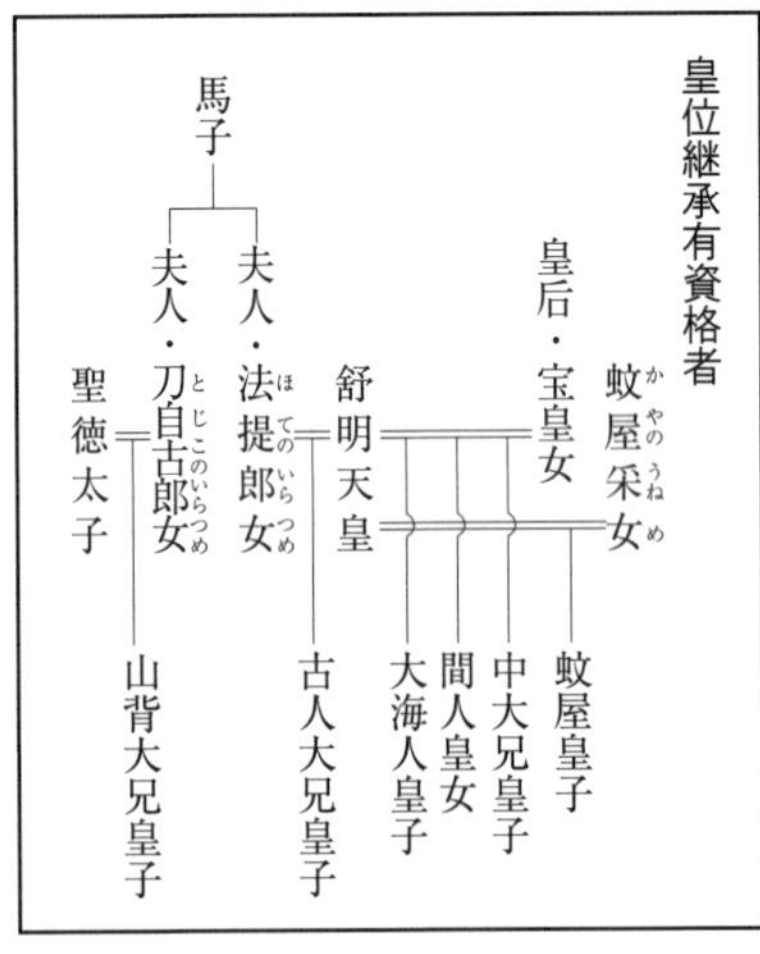

宝皇女、天皇に即位

第三十三代推古女帝が亡くなったのは、聖徳太子が亡くなって六年のちのこと。すぐ天皇をだれにするか決めるための会議が蘇我氏の邸で開かれた。このときは馬子の子、蝦夷（えみし）が中心になって会議を進めたらしい。席上、蝦夷の叔父にあたる境部臣摩理勢（さかいべのおみまりせ）は山背大兄皇子を強力に支持した。蝦夷は敏達（びだつ）天皇の孫にあたる田村皇子を推し、結論が持ち越された。すると蘇我馬子と蝦夷は、「政治の頭が二つあるのはよくない」とばかり、先手を打って軍兵を派遣し、山背大兄皇子を支持した境部摩理勢父子を武力で倒し、山背大兄皇子を天皇に推さないとはっきり態度にあらわした。

こうして蘇我氏の支持のもとに田村皇子が即位した。舒明天皇である。

蘇我氏が孫にあたる山背大兄皇子を嫌う理由は次のようだ。蘇我馬子は自分の思いのままにならない崇俊（すしゅん）天皇を儀式の場にさそい出し、天皇とその臣下を殺し、日本の歴史上、はじめての女帝・推古天皇を立てた。

女性の地位が高かったためというより天皇は儀式だけ司（つかさど）る神官の役目を果たし、政治は蘇我氏中心の大豪族たちに任せてただ傀儡（かいらい）でいてくれればよかったからである。

推古天皇は史上はじめての女帝だったので摂政を置いた。聖徳太子である。蘇我氏と組んで対等に政治にかかわってくれればよい存在として摂政を置いた。ところが聖徳太子は天皇家の権限を諸豪族より強めようとはかった。頭もよく、実行力もあり、人望もある聖徳太子が、理想の政治を打ち出した。なかでも、冠位十二階などの施策を決め、太子と対等な高官であるはずの馬子をはじめ大豪族にも冠を授けかねない姿勢をみせた。

諸豪族が怒り出したのはもちろんのことである。蘇我氏は豪族たちの力を結集して宮廷から聖徳太子を追い出したため、聖徳太子は政務をとっていた蘇我氏の邸から斑鳩(いかるが)に移った。斑鳩から政治の中心地飛鳥までは十六キロメートルもある。当時のすぐれた輸送機関であり聖徳太子が愛用したと伝えられる甲斐の黒駒で走っても片道一時間半もかかる距離である。聖徳太子の晩年は、結局、法隆寺建立の地、斑鳩に隠棲させられていた。聖徳太子は政界から離れ、法華(ほっけ)、維摩(ゆいま)、勝鬘(しょうまん)の三経の注釈書を書くことに力を注ぎ、完成させて、六二二年二月二十二日、四十九歳で亡くなっている。

このため聖徳太子の子山背大兄皇子は天皇になる有資格者でありながら、天皇には推されなかった。山背大兄皇子の強力な支持者、境部氏はすでに滅ぼされていた。残る二人の天皇候補者は、古人大兄皇子(ふるひとのおおえのおうじ)と中大兄皇子だから、もちろん有力なのは馬子の孫にあたる古人大兄皇子である。

そこで蘇我馬子と蝦夷は謀議する。

「山背大兄皇子をさしおいて、古人大兄皇子をすぐさま天皇にするよりも、ワンテンポ置いて、推古女帝のときと同じように、皇后・宝皇女を天皇に立て、古人大兄皇子を皇太子にして政治にあたらせることの方が賢明というもの。そして時を稼ぎ、やがて古人大兄皇子に皇位をゆずらせればいい。さいわいに宝皇女はわがままで、派手好みで、結構弁も立つ。女帝にかつぎ上げ贅沢をさせておけば良い」

「女帝が贅沢にふければ、人々の心は離れる。手を汚さなくても中大兄皇子の皇位継承資格を、人心が奪い取ってくれる」

と。舒明天皇の健康がすぐれなくなると宝皇女も考えた。

「なんとしても、わが子、中大兄皇子に皇位を継がせたい」

しかしその中大兄皇子はまだ十代半ば。天皇に即位するには若すぎる。だれが考えても、即位するのは古人大兄皇子で、その血筋が天皇家を継いでいくと思われる。宝皇女もそう思う。

「中大兄皇子に皇位を継がせるにはどうしたらいい……。今のままではどうするすべもない。聖徳太子は、摂政という地位について蘇我馬子たちを押さえようとする気迫を見せたけれど舒明天皇は、蘇我氏に手も足も出ないうえに、病になってしまわれた」

と宝皇女の天皇への不満はつのる。その皇女に蝦夷がささやく。

「舒明天皇にもしものことがあったときには、天皇として即位なさってください」

それは願ってもないこと。自分が即位して中大兄皇子の成長を待てばいい。天皇という地位にある間に、山背大兄皇子と古人大兄皇子をなんとかすれば皇位はわが子にゆずることができる。

今のままで古人大兄皇子が即位するのを見ていては、わが子中大兄皇子に皇位は決して回ってこない。まず自分が即位することだ、と宝皇女は考えた。

ところで宝皇女の年を舒明天皇と同年齢と考えている人が多いがそれは違う。宝皇女は舒明天皇より十歳以上も年下である。

宝皇女の没年度が六六一年で、このとき、定説どおり六十八歳とすると、舒明天皇の亡くなった六四二年には四十九歳になる。この年、中大兄皇子は十六歳だから、宝皇女は三十三歳ではじめて中大兄皇子を産み、のちに間人(はしひと)皇女と大海人皇子とを産んだことになって、いかにも年齢が高すぎる。仮に定説より十歳若かったとしても二十三歳の初産となり、それでもまだ少し年齢が高いように思われる。

　だからこそ蘇我蝦夷が「即位なさいませんか」と近づいて来たとき、宝皇女は四十歳前後で分別もあり、熟れた女性でもあった。病弱で気力を失った夫に、どこかで歯ぎしりしていた激しい女、宝皇女は近づいてくる蝦夷をたのもしく思ったのではないだろうか。蝦夷の父、馬子は百済王に依頼して、かつて百済から僧や寺工や瓦博士などを呼び、四天王寺や法興寺を蘇我氏の氏寺として建てている。法興寺は国内唯一の建物なのだ。財もあり、知もあり、地位や気力もある蝦夷に、宝皇女は男の魅力を感じはしなかったか。悶々として楽しまない舒明天皇に飽き足りないものを、蝦夷に逢えば逢うほど強く感じていく宝皇女ではなかったろうか。

　人々の群れの中に宝皇女の姿がないということは、宝皇女が蝦夷と逢っているということで、そのことを立腹するより寂しい、と歌うほど舒明天皇の心は弱くなっていたと思われる。

　舒明天皇が病床に伏していた六四一年頃に詠んだと思われる「山の端にあぢ群騒ぎ行くなれどわれはさぶしゑ君にしあらねば」の歌の真意は、自分から離れていく宝皇女への未練がましい歌で、このような精神状態の男性は気の毒ではあっても大方の女性は心ひかれることはない。

淡海路（あふみじ）の鳥籠（とこ）の山なる不知哉川（いさやがわ）日のこのごろは恋ひつつもあらむ　（巻四―四八七）

〈淡海路の鳥籠の山にある不知哉川の名のように、さあどうでしょうか、このごろは私を恋しく思っていてくださるでしょうか。（この歌の注に高市岡本宮と後岡本宮とあるが私は舒明天皇説をとる）〉

勝ち気で行動的な宝皇女は、中大兄皇子の皇位継承をあきらめない。どこまでも、馬子や蝦夷に食い下がり、自分が皇位を継ぐというところまでは決まった。が、その先はまだわからない。緊張と不安が高まっているのに、「今でも愛していてくれるでしょうか」などと舒明天皇から甘い歌が贈られても、腹が立ちこそすれ、うれしくはない。

政治はもはやすべて蘇我氏が中心になって行なわれていた。舒明天皇は即位十一年目に、九重の塔をもつ百済寺（くだらじ）の建立をはじめたが、その翌々年にあたる六四一年十月、四十九歳の生涯を閉じた。

舒明天皇の在位中に遣唐使の犬上御田鍬(いぬかみのみたすき)や薬師恵日(くすしえにち)、二十四年間留学した僧旻(そうみん)や、三十年間留学した高向玄理(たかむこのげんり)、それに南淵請安(みなみぶちのしょうあん)などが次々と帰国し、中大兄皇子をはじめ多くの人々に中国の国情を知らせ学問を伝達した。

新しい息吹が各所で芽生えていた。しかし、まつりごとの世界だけは大豪族、蘇我氏が中心のまま、傀儡(かいらい)の天皇としての宝皇女の即位の式が宮中で盛大に行なわれた。

「人形でいてくれればいい。どんなに金を使い派手にしてもいい」

と蘇我入鹿や蝦夷は考えたに違いない。

「天皇の地位を得た以上、中大兄皇子にかならず皇位をゆずってみせる」

と、宝皇女は考えていた。その思いは夫・舒明天皇の死をいたむ思いより強かったと思われる。

3 中臣鎌足の隠された役割

「わが背子は仮廬作らす草無くは……」

――実の妹間人皇女を愛しつづけた中大兄皇子――

鎌足、蘇我氏打倒を謀る

中臣氏は、古来、祭祀を司ってきた家柄だった。六世紀後半のこと、百済から仏教が伝わると、大臣蘇我稲目（馬子の父）と、大連、物部尾輿とが、仏教を受け入れるかどうかで対立した。

この対立のとき、穴穂部皇子と宅部皇子が物部氏に味方したが蘇我氏に殺されている。物部氏には中臣・三輪といった祭祀関係の氏族が味方し、その他の諸豪族のすべては蘇我氏の味方だったのだから、蘇我氏が勝利をおさめたのは当然である。

天児屋根命を始祖とし、古代から祭祀を司っていた中臣氏は、蘇我氏との対立に破れて約百年間を小さくなって暮らし、恨みは孫子の代にまで伝えられていた。

鎌足はこの中臣氏の再興をはかっていた。しかし、その前に大きく立ちふさがっているのは今を時めく蘇我氏である。

中臣鎌足はまず古人大兄皇子に近づき、その人物に飽き足りないため、中大兄皇子に乗りかえ、中臣氏の再興をはかったといわれている。事実そのとおりだったと仮定して、中臣鎌足はなぜ、古人大兄皇子に近づいたのか。

中臣鎌足は古人大兄皇子に、

「だれの目から見ても、今、皇位につける立場の人が三人います。一人は山背大兄皇子、そしてあなたと中大兄皇子です。今、もし、舒明天皇が御他界なさってすぐあなたが皇位を継げば、人々は、山背大兄皇子をさしおいてまで天皇になりたかったかと嘲るでしょう。ここは一歩ひかれて、ひとまず皇位をゆずり、皇太子となって政にあたり、

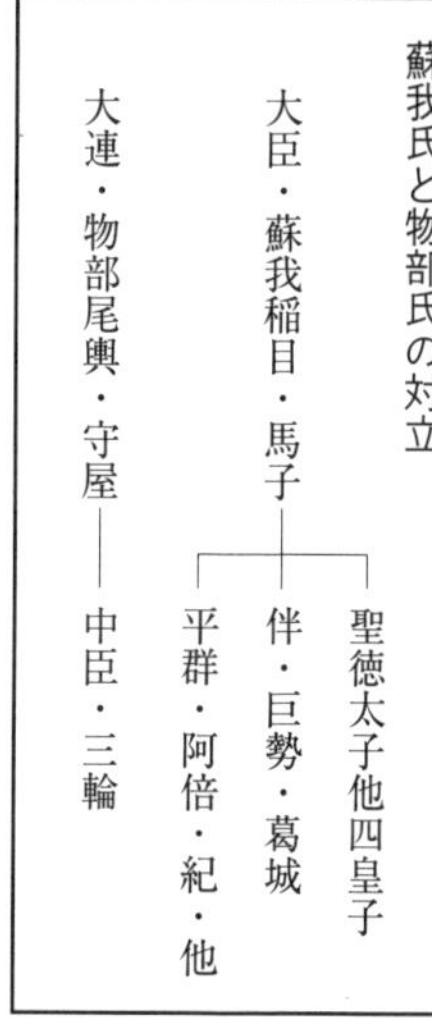

三年ほどしたら即位するのがいちばんよろしいでしょう。その三年の間に、山背大兄皇子が焦って兵を動かすようなことがあれば、即刻討てばよいのです。中大兄皇子はまだ若い。その処遇はもっとあとで考えても十分間にあいます。中大兄皇子が皇位を継ぐ意志があるかないかは私が近づいて確認いたしましょう」

などと、古人大兄皇子を安心させてから中大兄皇子に近づいたのではないか、と私には考えられる。

私の推理では中臣鎌足の考えた筋書きはこうだ。もちろん中大兄皇子やその母宝皇女に絶対の信頼をされるよう努力し、二人にもこの筋書きを承知してもらわなくてはならないが。

一　宝皇女を皇位につける。
二　山背大兄皇子を滅ぼす。
三　古人大兄皇子を滅ぼす。（蘇我氏を討つ）
四　宝皇女の弟、軽皇子を皇位につける。
五　中大兄皇子が皇位につく。

まず、宝皇女を皇位につけ、その在位中に山背大兄皇子を滅ぼす。謀反の心ありという理由ならだれでも納得する。ついで、綿密な計画のもとに同志を集めて、策を立てて蘇我氏を討つ。蘇我氏の後ろ楯がなければ古人大兄皇子は問題がない。蘇我氏を討って、すぐ中大兄皇子が皇位については血を流してまで天皇になりたかったのか、と人々に蔑まれる。それを警戒してひとまず軽皇子を皇位につける……等々と。そして鎌足の策は動き出す。

中臣鎌足が狙ったのは、蘇我氏の座に鎌足自身が座ることだった。そして後に宝皇女が蘇我氏打倒に与したのは、中大兄皇子を皇位につけたかったことと同時に、女として軽く扱われ、天皇としても傀儡であれと押しつける蝦夷にかつて魅せられた分だけ憎しみを感じていたためと思われる。

山背大兄皇子襲撃

宝皇女が皇極天皇となって皇位を継ぐと、その派手な性格に拍車がかかったように土木工事を次々と始めた。

蘇我蝦夷は女帝の評判を落とすことが中大兄皇子の即位を拒むことになる、と読んでいたので皇極女帝の願いをなんでも聞いてやった。

皇極女帝は、自分の贅沢な生活以外のことは考えなかった。まず立派な宮殿を造ろうと全国からその材を集めさせた。その上で東は遠江から西は安芸まで、宮造りのために人民を徴集した。こうして一年はまたたく間に過ぎた。といっても宮殿の出来上がりを待つ皇極女帝には長い一年だったろうけれど。皇極二年四月には板蓋宮の新殿が完成して、女帝はそこに移った。

板蓋宮に移るや、今度は瓦葺きの華麗な宮居が欲しくなった。そして石垣を丹念にめぐらした飛鳥岡本宮を建て、皇極二年にはそこに移っている。一年がかりで板蓋宮を建て、次の年にはもう飛鳥岡本宮を造っている。この労務にたずさわる人民がどんなに困窮するかなどまるで考えていない。すべての人は天皇の下僕として、女帝の自分に奉仕するために生まれて来たくらいにしか思っていない。

この女帝の無駄ともいえる人民への賦役の課し方を快く思わない人々は当然たくさんいたはずである。聖徳太子の子、山背大兄皇子もその一人で、

「もし私が天皇になっていたら、自分の生活を派手にするためだけに、このような困窮に人民を落とし入れはしない」

などと言ったかも知れない。

当時、女帝は自分の身のまわりのことだけをしていたらしい。官庁といえるほどのものはすべて蘇我邸に移っていた、と思われる。ここで策士、中臣鎌足が暗躍しなかったはずはない。

「山背大兄皇子は天皇のなさることを批判していらっしゃいます。政（まつりごと）のあり方についても批判めいたことを言っております」

用心深い山背大兄皇子は黙して語らなくても、鎌足がその心中を察して、謀反の心ありと告げ口をしたかも知れない。

なぜなら、皇極二年（六四三年）十一月一日、巨勢臣徳太（こせのおみとこだ）と、土師娑婆連（はじさばのむらじ）らを斑鳩（いかるが）へ討手として入鹿が送り込んだとき、攻められた山背大兄皇子は、

「もし私が軍隊を動かしたら、勝つことができるだろう。しかしそれでは多くの人々を戦に狩り出し、重い負担をかけることになるので、それはできない」

と言って、皇極女帝が民を私事で無分別に使うことに批判的だった山背大兄皇子は妻子と共に自害した。

皇極元年には、蘇我氏は葛城（かつらぎ）の高宮に祖先を祭る廟を建てて、天皇が行なうはずの八佾（やつら）

の舞を舞っている。皇極女帝はただのアクセサリーで、事実上の天皇は自分だと天下に示したのだ。

皇極は女帝で、立派な建物ばかり建て、華美な生活に溺れている。それを批判して攻められた山背大兄皇子は、自分を守るために軍隊を動かすことをしなかったというのはきれいごとにすぎる。仮に戦になっても山背大兄皇子側が勝つ見込みはなかったからではないかという説もある。

もちろん動員をかければ相当数の人が集まって流血をみたであろうが、山背大兄皇子はあえてその道を選ばず死を選んだ。ということは山背大兄皇子は死を選ぶことで、無益な労役を強いる皇極女帝と蘇我氏一族に真っ向から抗議した、といえるのである。

天皇になれなかった悔(くや)しさもあったろうが、人々を戦に狩り出さずに死を選んだということは皇極女帝などの酷使に嫌気のさしている人民の心をつかんだと思われる。

山背大兄皇子が亡くなると、中臣鎌足は中大兄皇子にも、そして皇極天皇にも次のように言わなかっただろうか。

「山背大兄皇子亡きあと、蘇我氏の狙うのは中大兄皇子です。中大兄皇子さえ亡き者にしてしまえば、古人大兄皇子の地位は磐石で、蘇我氏は子々孫々まで隆盛まちがいなしと喜ぶことでしょう」

皇極天皇も中大兄皇子の身の危険を直接に肌で感じ出した。山背大兄皇子を倒した同じ矛先が、今や中大兄皇子の胸に突きつけられたと知って。

「大化の改新」成る

「このままでは危険です」

「どうしたらいいか」

と蹴鞠の会や、僧旻(みん)らに学問を伝授されたあとの中大兄皇子と中臣鎌足は話し合う。蘇我氏が中大兄皇子を殺そうとはかる前に蘇我氏を倒さなくてはならない。事態は切迫していた。

「殺されてたまるか。逆に蘇我入鹿をこそ殺し、自分が即位して隣の唐が成功しているという中央集権国家を立派につくってみせる」

と中大兄皇子は思う。

「中大兄皇子が殺され、今のまま蘇我氏が絶対の権力を握っていては、この鎌足の出番が来ない。蘇我氏をどうしても討たなくてはならない」

　と、中臣鎌足は考える。二人の不安と野望と理想とが一致する。

　二人はまず蘇我氏の分裂をはかった。その手始めとして蘇我氏に警戒心を起こさせないため蘇我倉山田石川麻呂に近づいた。

　石川麻呂は、入鹿と従弟（いとこ）である。中大兄皇子と鎌足は、悲憤慷慨（ひふんこうがい）してみせて石川麻呂の心を揺さぶる。

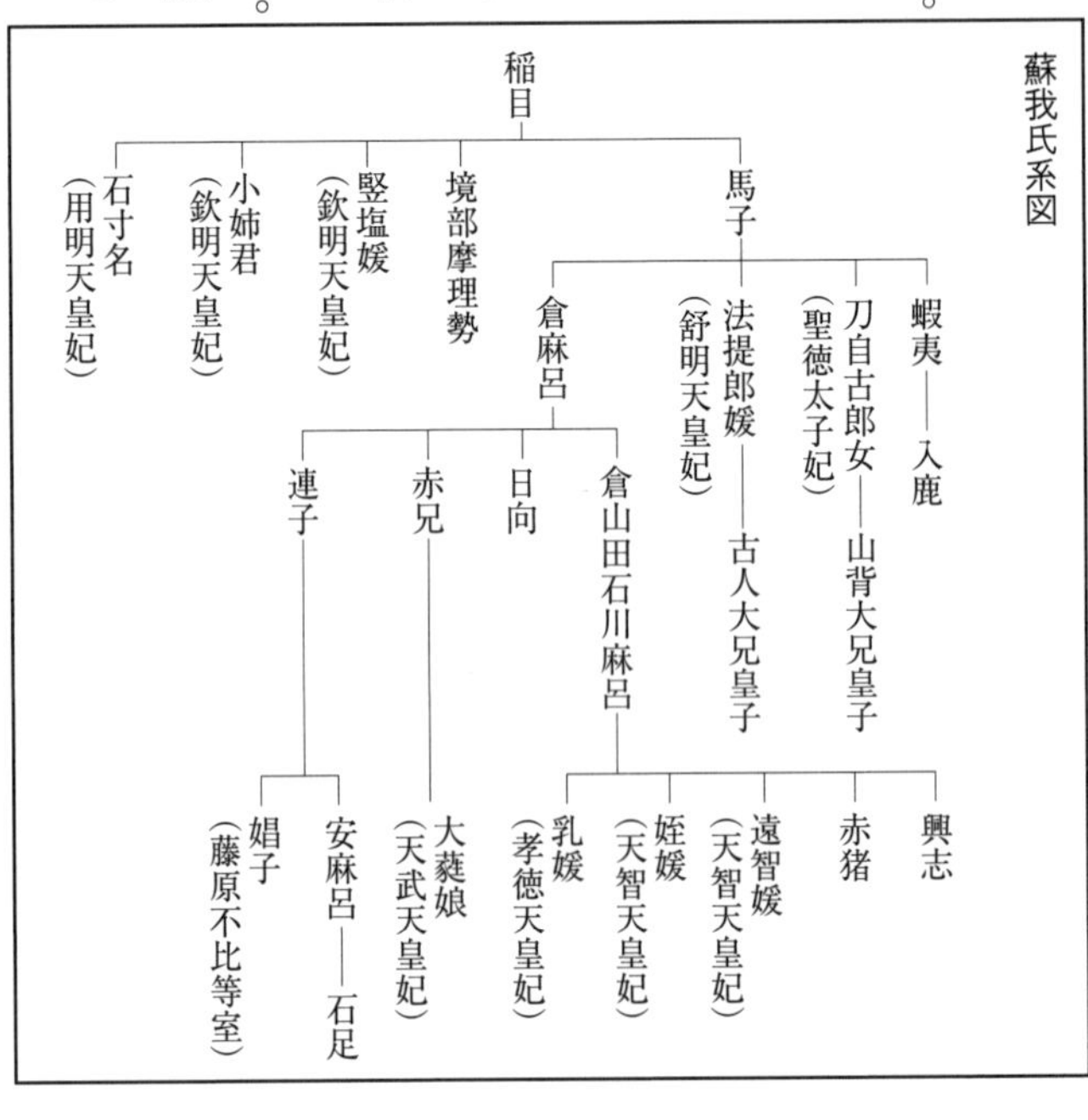

「隣国の唐は中央集権国家の建設に成功し、その勢力を四方に伸ばしているといいます。ひとりわが国だけが昔のまま豪族が威を振るう政治をしていては危ない。このままでは、日本は唐の統治下に入るほかないと思われます。蘇我氏の繁栄だけを考え、邪魔者は殺すという蘇我氏のやり方を許していてはいけないのではありませんか」

と、中大兄皇子。

「蝦夷が族長の地位を独占しているのは許せない。わが国のしきたりでは、兄弟に族長の地位をゆずるのがならわしではないか」

と、鎌足は石川麻呂の不満を揺さぶる。

「たとえ一族縁者であっても邪魔者は殺すというのが蝦夷や入鹿のやり方だ。境部摩理勢も山背大兄皇子も殺している。その魔手があなたにも及ばないという保証はない」

鎌足は抜け目なく石川麻呂の娘を中大兄皇子にとりもった。

「中大兄皇子は、やがて天皇として即位する人だ。そうすれば石川麻呂は天皇家の外戚として栄えます」

などと二人は危機感を訴え、政治の理想を語り、知に訴え情に訴え、石川麻呂に決起を促す。しかし、用心深い二人が入鹿暗殺の大事を打ち明けたのは暗殺決行の四日前ということから、すっかりお膳立てができたところで、石川麻呂にそのことの是非を考える余裕も、人に相談する時間も与えず、味方になることを強要したのだ。

石川麻呂が入鹿の暗殺に加わったということは、それだけで蘇我氏が分裂したということであった。

皇極天皇の四年（六四五年）五月十二日、三韓朝貢の予行演習が大極殿で行なわれた。天皇の両脇に控えているのは皇太子、古人大兄皇子と蘇我入鹿。

蘇我石川麻呂がうやうやしく進み出ると韓国の使者が読むはずの上奏文を読み始めた。これが佐伯子麻呂らが入鹿に切りかかる合図と決めてあったが、緊張の余り石川麻呂の声がふるえ出した。すると、

「なぜ、そんなにふるえるのか」

と入鹿が言った。

「天皇の御前で恐れ多いので……」

と石川麻呂が答えた。入鹿がうなずいたとき、中大兄皇子が入鹿に切りかかった。入鹿はとっさに状況を判断して天皇に向かって叫んだ。

「古人大兄皇子が、天皇候補者であられるのは当然なことです！」

決して中大兄皇子を排斥したのではない、ご賢察を、という意味のことを口走ったらしい。

『日本書紀』には、中大兄皇子が天皇に、

「この入鹿こそ皇子たちを滅ぼして天皇の位を狙っている者です」

と言ったというが、入鹿は別に古人大兄皇子を殺す意志などなかったのだから、

「私が入鹿を殺さなければ、入鹿が私を殺すところでした。正当防衛です」

と言った、という方が中大兄皇子の不安をあらわしている。

入鹿がもし大極殿に入るまえに俳優（わざおぎ）のものたちに剣を渡していなかったら、むざむざ殺されなかったと思われる。

「儀式ですので剣はおあずかりいたします」

と何気なく剣を取り上げさせたのも策士、鎌足である。鎌足は事にあたってはおそろしいほど緻密な男であった。

入鹿の死体を雨の中に放り出すと、中大兄皇子たちは走って法興寺に立て籠り、蘇我氏の逆襲にそなえた。法興寺は蘇我氏の氏寺である。仏教徒をもって任ずる蘇我氏が寺に向かって弓矢を放つには心の葛藤があって蘇我氏には不利。そのうえ、鎌足らが法興寺

に立て籠れば、蘇我一族は法興寺の人々が中大兄皇子らに味方した、と思うはずで、軍略上からみても、それは最高の策であった。

はたして蘇我氏一族はあまりにも唐突な入鹿の死に驚くばかりだった。頼みの蘇我倉山田石川麻呂までが中大兄皇子に味方していることにも驚愕した。（関係系図参照）

蝦夷は軍兵を動かすことなく、翌日、中大兄皇子のひきいる兵に邸を囲まれると、甘橿岡の大邸宅に火を放って自殺した。このとき、『天皇記』、珍宝などことごとくが焼けたが、炎の中から『国記』だけを船史恵尺が拾い出して中大兄皇子に献上している。本来ならば天皇家にあるべきはずの『天皇記』や『国記』は未完成だったから蘇我氏のところにあったのだ、と説明する学者が多いが、『天皇記』や『国記』は完成していたからこそ、当時の政府公庁の役をになっていた蘇我氏の邸に置かれていたのではなかったか。

かくして蘇我氏はその勢力絶頂期に滅び、時の流れは大きく変わろうとしていた。入鹿

関係系図
（×印は死亡）

- ×馬子
  - 蝦夷 ── ×入鹿
  - 聖徳太子妃 ── ×山背大兄皇子
  - 舒明天皇妃 ── 古人大兄皇子
  - 倉麻呂
    - 倉山田石川麻呂
    - 日向
    - 赤兄
    - 連子
- ×境部摩理勢

が殺されると皇極天皇は位を中大兄皇子にゆずろうとした。すると鎌足が反対した。

「兄、古人大兄皇子（ふるひとのおおえのおうじ）も、叔父の軽皇子（かるのおうじ）も皇位を継げる立場の方です。今、中大兄皇子が天皇になれば蘇我氏を滅ぼして天皇になりたかっただけの野心家と見られ、人心は皇子から離れていきましょう」

中大兄皇子はこの忠告を聞き入れた。蘇我氏を滅ぼした今は、だれが天皇になろうと形式上の天皇でしかない。入鹿を誅した瞬間に、中大兄皇子は宮廷第一の実力者にのし上がっていた。

蘇我入鹿の首塚

こうして中大兄皇子が即位を辞退したので、古人大兄皇子は辞退して袈裟（けさ）を着てしまった。そこで第三の候補者、皇極天皇の弟、軽皇子が皇位についた。第三十六代孝徳天皇である。改新の翌々日にあたる六月十四日のことだから電光石火といえる。皇太子には中大兄皇子、右大臣に蘇我倉山田石川麻呂、内臣（うちつおみ）は中臣鎌足。

推古帝までは大臣や大連は皇太子と並んで政治をとっていたが、改新後は皇太子の下に左右大臣、その下に内臣が置かれた。内臣は目立つ存在ではない。それはいかにも策士の中臣鎌足にふさわしい役柄であった。

すぐに年号が大化と改められた。年号は孝徳天皇の発想らしい。公地公民の制、国司・郡司を置く、班田収授の法、祖庸調の税制の四つの柱を決め、大化元年（六四五年）正月元旦に新政の大綱を発布した。

これで、今まで各豪族が所有していた土地や部民も天皇のものとなった。天皇に都合のいい税制と土地制度がここに確立した。中央集権国家の誕生である。

唐制度をまねて、天皇を頂点として国が直接土地も人も管理する支配体制をつくり上げようとしたものの、はじめは公地公民の制など形式的に都近くで行なわれただけだったが、やがて全国的に波及していった。

僧形となった古人大兄皇子はこの年、大化元年九月に謀反の罪で中大兄皇子の軍勢に殺された。古人大兄皇子に謀反の心はなくても、大豪族で改新に不満な輩が古人大兄皇子のもとに集結する可能性はあった。

権力を握る者はつねに危険と見るものを早くキャッチしてその芽を摘み、邪魔者を消す非情さを持ち合わせなければ、その権力が維持できないものである。

兄・中大兄皇子と妹・間人皇女との恋

舒明天皇と皇后・宝皇女との間には中大兄皇子、間人皇女、大海人皇子の三人の子がいた。

ところで、中大兄皇子は生涯、実の妹、間人皇女を女として愛し続けた。

同じ父母から生まれた実の兄妹の婚姻の例を見ると、允恭天皇の皇太子、軽皇子が実の妹、軽大娘と結婚して皇太子の地位を失っている。もちろん天皇にはなれなかった。

このような近親婚は記・紀の時代でもタブーであった。ということは、そのタブーを破る人がいたということである。同じ父母をもつ兄妹の結婚がなぜタブーだったのか。兄妹同士の結婚は動物的で不自然だ、と考えられていたのであろう。

当時の結婚の形態は通い婚で、男が女のもとに通い、子供は母のもとで育てられた。そのため母が違うと、父は同じでも、めったに会う機会もなく成人してからたまたま逢って男女としてひかれ恋し合う、というケースが多かった。同じ父の血が流れているため心のひだまでわかりあえる、ということがあったのかも知れない。

このため父は同じでも、母が違えば兄と妹の婚姻が認められていた。敏達天皇と推古女帝とは異母兄妹同士の結婚であった。

中大兄皇子と間人皇女も実の兄妹でありながら深く愛し合った。いったい、いつから二人は肉体関係をもったのだろう。もしかすると、権力の権化であった蘇我入鹿を倒した中大兄皇子に間人皇女が今までと違った驚きと尊敬の念とで接しているうちに結ばれた、と考えるのは常識的すぎるだろうか。

万葉集に二人の唱和がある。

君が代もわが代も知るや磐代(いわしろ)の岡の草根をいざ結びてな　（巻一―十）

〈あなたの寿命と私の寿命とを知っていると思われる磐代の草の根を、さあ、しっかり結びましょう。〉

紀の湯に中大兄皇子といっしょに出かけた間人皇女は、二人の愛の永く変わらないことを祈って草を結ぶ。

結んでとけないことに永遠の愛を祈った古代人の名残りが、今でも注連縄（しめなわ）や水引などの神事や、祝いごとの昆布の煮〆めなどに見られる。また女性の帯止めも正式にはかならず結ぶものでなくてはならず、今はやりの宝石で止めるなどは略式で遊びのときしか用いられないことから推しても、結ぶことに期待する古代人の心は深い。

旅の途上、近づく暮色の中で、中大兄皇子は、間人皇女と一夜を過ごす仮小舎（かりごや）づくりに精を出している。そんな兄に向かって間人皇女は

「あの小松の下のカヤを刈ったら……」

と声をかける。

言われるままに小松の下のカヤを刈りとる中大兄皇子。

わが背子（せこ）は仮廬（かりほ）作らす草無（かや）くは小松が下の草を刈らさね　（巻一―十一）

〈私の兄が仮廬をつくっていらっしゃる。カヤが足りないならあの小松の下のカヤを

お苅りなさいな。〉

実の兄への恋に燃える間人皇女の陰影が、ここではなぜか清楚で神々しいまでの女らしさを感じさせるのは、この贈答歌のもつ無邪気な明るさのためかも知れない。

同母妹との結婚はタブーだったが、当時は現代の私たちが考えるほどのことではなく、どこかに情状酌量の余地のあるタブーだったのだろうか。そうでなくては集団での旅の途上で二人だけ過ごす仮小舎をつくれるはずがない。

4 入鹿謀殺に加担した石川麻呂憤死

「うつせみも嬬(つま)をあらそうらしき……」

——蘇我日向(そがのひむか)の密告——

間人皇女をめぐる二人の男

大化の改新のあと軽皇子が即位した。孝徳天皇である。

万葉集の歌の並べ方から推して、孝徳天皇の皇后は即位とともに決められたのでなく、中大兄皇子たちが紀の湯に旅行したあとで、間人皇女と決められている。というのは、万葉集は全体として未整理な歌集だけれど、わかっているものについては時代順にしっかり並べられ混乱は見られないので。

兄を愛し、皇后になることを嫌がる間人皇女に中大兄皇子はこう言ったのではないか。

「間人よ、私は皇太子で、やがて天皇になる身だ。しかし実の妹を皇后にすることはできない。いやかも知れないが、今、皇后になってくれないか。私の皇后だと思って。その方がずっと政（まつりごと）がやりやすい。第一に叔父は形式上の天皇で、事実上の天皇は私なのだ。そして間人は、形式上の皇后で、実は私の皇后なのだ。私が天皇の公務にあたり、間人が皇后としての公務を果たす。二人で協力して、立派な政（まつりごと）をしようではないか」

「私が皇后になるのが、兄さんにとっていちばんいいのでしたら……」

中大兄皇子にすすめられて、間人皇女は孝徳天皇に嫁（とつ）いだ。事実、間人皇女が皇后でいることは、妹との関係を続けて行くうえでのカムフラージュになり、皇后と組んで国事が行なえる利点があった。

こうして間人皇女は皇后になる日が来た。さすがの中大兄皇子も間人皇女を皇后に立てたときの不安な気持ちを大和三山に託して次のように歌っている。

香具山は　畝火（うねび）を愛（を）しと　耳梨と　相あらそひき　神代より　斯（か）くにあるらし
古昔（いにしへ）も　然（しか）にあれこそ　うつせみも　嬬（つま）を　あらそうらしき　（巻一―十三）

〈香具山は畝火山を愛らしいと感じ、耳梨山と争った。昔からこうであるらしい。もともとこのようであったから今でも妻を争うのであるらしい。〉

香具山が中大兄皇子、耳梨山が孝徳天皇、女らしい畝火山がもちろん間人皇女である。間人皇女が皇后として孝徳天皇のもとに入内と決まると、中大兄皇子の男心がこの妻争いに負けるものかと思ったのである。〝こうして昔から今までずっと人々は妻争いを続けて来たのだなあ……〟と。

どこかに自分を客観的に見ていてのめり込まないゆとりすら見せている。

しかし、間人皇女を深い所で信じて皇后になることをすすめた中大兄皇子ではあるが、皇后として嫁ぐとなると、胸中を去来する複雑な思いがあった。

もし女を喜ばせることに孝徳天皇が自分より長けていたら……間人皇女の思いが天皇に移るかも知れない、としたら男としては情けないことであるし、悔しく寂しいことだ。「争うらしき」に、叔父の孝徳天皇と間人皇女を争うことになるかも知れない、という不安がこもっている。

この長歌に二首の短歌がついている。

香具山と耳梨山とあひし時立ちて見に来し印南国原（いなみくにはら）　（巻一―十四）

〈香具山と耳梨山が争ったとき、立って見に来たという南印国原はここなのだなあ。〉

印南国原とは、兵庫県印南郡の高砂から明石市にかけての平野のこと。古代、香具山周辺の豪族と耳梨山周辺の豪族とが争って、仲介役として印南の豪族がわざわざ大和まで来たという事実でもあったのか。とにかくこの伝承は『播磨風土記（はりまふどき）』にあるという。

中大兄皇子は幼い日に心をはずませて大和の伝承を聞いたことがあったため自分の不安な気持ちを幼ない日に知ったなじみの山に託して、慰められたかったのかも知れない。

この中大兄皇子を慰めに来た人がいたとすれば、それはもちろん中臣鎌足だ。鎌足が皇子の心中を察して訪ねて来た。それが「立ちて見に来し」と詠まれている、と私は解釈したい。

「間人皇女は、あなたの妻だと思うからこそ、けなげにも皇后の地位について、あなたの仕事をしやすいように、とつらい日々を送っているのではありませんか。孝徳天皇に肌を許すような方ではありません」とでも言ったのかも知れない。
鎌足は中大兄皇子を慰めるために、間人皇女を馬の遠乗りにさそい出して海に行った。海辺で二人は心ゆくまで語り合ったことであろう。日はいつの間にか大きく傾き、今、まさに沈もうとしていた。落暉（らっき）は雲も海も染めて、この世のものとも思えない黄金の世界を繰り広げる。

わたつみの豊旗雲（とよはたぐも）に入日さし今夜（こよひ）の月夜明らけくこそ　（巻一―十五）

〈海上に大きく旗のようになびいていた雲に入り日の射すのを見た。今夜の月はさやかに照ってほしいし、照ることだろう。〉

中大兄皇子は海に向かって深呼吸する。さわやかな大気が体のすみずみに行きわたる。豊旗雲に射す落暉の呼びおこす夜への期待にはずむ中大兄皇子の心はおおらかで気品に満ちている。
しかし、この歌は少し変わっている。なぜならば眼前の景をのびやかに詠んではいるが、今夜は月が耿々と照ってほしいし照ることだろう、と予言とも期待ともとれる言葉を並べているのが気にかかる。

入り日の見事さに心奪われたのなら入り日だけ詠めばいいのに、なぜ入り日を見ながら月を詠むのか……という素朴な疑問が湧いてくる。

この歌は、孝徳天皇は間人皇女を抱くことはできない、と信じた中大兄皇子の勝利の歌なのかも知れない。間人皇女の、孝徳天皇を決して信じ、近づけることのない覚悟と気品を確かなものとして信じ、その喜びを歌っているのではないだろうか。

孝徳天皇陵

中臣鎌足が中大兄皇子をさそい出したのは、あるいは間人皇女との密会を巧みに手引きするためだったかも知れない。今宵、月が美しく照れば間人皇女の肌も月の光で妖精に変わる。
ああ早く夜がくればいい。
と喜びの声をあげ、心と体をふるわせている中大兄皇子。

この歌が、夜の密会の歌でなかったとしても、互いに寝所で月を見て、相手のことを思っている、と信じられる喜びの歌である。

孝徳天皇はついに間人皇女の背の君にはなれなかった。それにしても「わたつみの豊旗雲に入日さし今夜の月夜明らけくこそ」は実に気持ちのいい歌である。二人の愛の広々としてなんと澄みわたっていることか。

蘇我倉山田石川麻呂と造媛（みやつこひめ）の自害

大化の改新が行なわれる四日前に、蘇我入鹿暗殺計画を打ち明けられ、否応なく協力させられた蘇我倉山田石川麻呂は、大化五年（六四九年）に中大兄皇子の差し向けた軍兵に囲まれて一族とともに山田寺で自害した。中大兄皇子に味方してわずか五年後のことである。

いったい何が蘇我石川麻呂を死に追いこんだのか。

一つには、まだ蘇我氏が隠然たる勢力をもっているために、天皇絶対親政を打ち立てようとする中大兄皇子らにとって蘇我氏は邪魔だった、ということである。石川麻呂は、蘇我入鹿や蝦夷亡きあとの大豪族、蘇我氏の長で大きな権威をもっていた。蘇我入鹿暗殺と蘇我氏一族の分裂をはかるためにはどうしてもこの石川麻呂の協力が必要だった。しかし、大化の改新が成功すると、こんどは蘇我氏の大勢力をバックにする石川麻呂が扱いにくくなった。

　大化四年、新しい冠の制度を中大兄皇子が定めた。もちろん聖徳太子以来、冠の制度は天皇の権力維持と増強のためのものでしかなかった。朝廷に出仕する多くの者は内心どうであろうとも新しい冠をすすんでつけた。が、石川麻呂だけは「私は古い冠で十分です」と新しい冠を拒否した。中大兄皇子はこのとき石川麻呂がはっきりと邪魔になった。

　もう一つの原因は女性にあった。当時、宮廷内の重臣は、天皇や皇太子に娘を嫁がせるならわしになっていた。石川麻呂の媛の一人も大化の改新に先立ち、鎌足のすすめで中大兄皇子の妻になる約束だった。ところがその約束した媛が、

「いやです。間人皇女をすでに恋人にしている中大兄皇子の妻になどなるものですか」

とばかり、蘇我一族の蘇我日向のもとに嫁いでしまった。たぶん彼女は個性的で少しわがままで美しい女性だったに違いない。

中大兄皇子は、日向に嫁いだ媛を愛していたからでなく、自分が無視され、一方的に約束が破られたことに腹を立てた。しかし石川麻呂は、大豪族、蘇我氏の長である。かわりの媛を入内させる、という石川麻呂の申し出を表面では笑って承知するしかなかった。

当時は、姉妹がそろって天皇の妻として入内することも珍しくなかったから、石川麻呂がどのように弁解しても、入内と決まっていた媛を日向に嫁がせたことは約束違反以上の拒否だった。

石川麻呂は、媛かわいさの父の愛情から中大兄皇子に嫁がせるよりも娘のしあわせを優位に置き、中大兄皇子とは対等の権力者であるという姿勢を崩さなかった。

それでも、入内の件は妹の造媛（みやつこひめ）が嫁ぐことで一応けりはついた。入内した造媛は父の胸中を察し、姉の身代りとなって中大兄皇子につくすが、それがかえってうとましい。立派すぎるのである。自分の感情を殺してつくす造媛のことが理解はできても愛することとは別である。

中大兄皇子の形だけの妻となった造媛の悲しみを本当に理解し見守っていたのは父の石川麻呂だけだった。中大兄皇子は、造媛を見れば石川麻呂に無視された痛みがうずき、造媛を遠ざけていたことであろう。

また造媛も自分からすすんで中大兄皇子に甘えていく女性ではなく、ひたすら耐えて待っているタイプだった。それがまた中大兄皇子にとっては、したたかな女性と見えたかも知れない。

そんなとき、石川麻呂を煙たがっている中大兄皇子に気づいた蘇我日向が、兄をおとしいれて自分が蘇我氏の中心人物にとってかわり、あわせて中大兄皇子の信も得ようとたくらんだ。

日向は、入鹿も蝦夷も、さらに古人大兄皇子も容赦なく殺してきた中大兄皇子のこわさを知っている。だからこそ、中大兄皇子に嫁ぐはずだった媛を自分が横取りして妻にしていることが不安だった。その不安を日向は「私の妻は中大兄皇子さえ断わった女なのだ。少なくとも私は男としては中大兄皇子と対等かそれ以上だ。その自分が兄の石川麻呂の足下にいることはない」と自分に都合のいい解釈をした。また日向にそう思わせたのは日向に近づいた策士の中臣鎌足だったかも知れない。

大化五年（六四九年）三月二十四日、日向が中大兄皇子に密告した。

「兄、石川麻呂には謀反の心があります。皇太子が海辺に遊覧に出かけるときをねらって暗殺しようとしております」

さらに言う。

「今までも、兄は冠の着用を断わったり、入内するはずの媛を私の妻にしたり……これはひとえに石川麻呂が中大兄皇子に従う心のない証拠です」

中大兄皇子に呼び出された石川麻呂は、

「天皇の前で申し開きをしたい」

と願い出た。しかし中大兄皇子はそれを許さず、翌二十五日に軍勢を出した。そのため石川麻呂は飛鳥の山田寺で妻子八人とともに自尽し、二十六日にはあとを追って多くの殉死者が出たという。

さらに三十日には、斬首十四、絞首九、流刑十五、との蘇我一族への刑が執行された。日向はここでもまた、まんまと蘇我一族を亡ぼそうとする鎌足に踊らされた。

この事件は、石川麻呂が死んでから調べてみると、石川麻呂に謀反の心などまるでなく、蘇我日向一人のねたみ心から起こった事件であったとわかり、中大兄皇子はいたく悔いた。そして密告した日向を太宰府に流した。この流罪を人々は「隠流（しのびながし）」と呼んだ。表面上は栄転でも実は退けられたのだと言ったのである。

中大兄皇子と中臣鎌足らの新しい権力がこうして次々と保守勢力を倒していった。

一族とともに山田寺で自害した父の死を悲しみ、中大兄皇子についに愛されることのなかった造媛は父のあとを追うように死んだ。

『日本書紀』によると、造媛の死を悼む中大兄皇子を慰めるため、野中川原史満は次の二首を中大兄皇子に献じたという。

山川に鴛鴦二つ居て偶よく偶へる妹を誰か率にけむ　（日本書紀）

〈山川に仲のよいおしどりが二羽いて睦まじくしていたが、その片方の妻をだれが連れて行ってしまったのか。〉

本毎に花は咲けども何とかも愛し妹がまた咲き出来ぬ　（日本書紀）

〈本ごとに花は美しく咲いているけれど、どうして花のようだった妹（妻）が、また咲いて来ないのだろうか。〉

愛し合っていた妻をいったいだれが連れていってしまったのだろう。花のような妻がもどってくるのを待っているのに……というこの歌は、中大兄皇子の気持を汲んで野中川原史満が作った歌だとされている。

本当にこの歌が中大兄皇子の気持だろうか。先に見たように中大兄皇子は歌も巧みなはずである。本当に造媛の死が痛みだったら、自ら歌を詠んでもいいはずだが、中大兄皇子自身は口をとざし、形式的に宮廷歌人に代詠させた。

代詠で間に合う妻の死のいたみ……これが造媛の中大兄皇子の妻の位置だった。

罪のない石川麻呂を死に追いやってしまって、本当に残念だ、というポーズをとったように、造媛の死にも哀悼の意をあらわす必要があった中大兄皇子である。

「山川に鴛鴦二つ居て偶よく偶へる妹を誰か率にけむ」と造媛の死を悼み「愛していたよ」とささやくこの歌の背景には真実な悲しみは見られず、ただ周辺への気がねだけが先走っている。

並ぶ者なき権勢をほこっていた蘇我氏の媛として生まれながら、造媛は終生ついに男の愛を知らなかった。その造媛の魂に史満が呼びかける。「二人はおしどりのように仲睦まじかったね。花のように可憐だった造媛にもう一度逢いたいと思ってるよ」と。

この歌は史満が造媛に呼びかける鎮魂の歌である。父を殺され、生涯男に愛されることのなかった造媛の祟りをおそれて、その霊を封じ込める歌である。「仲睦まじかったじゃないか。心から愛しいと思っているのだよ。だから安心してやすらかにお休み、目覚めることなく……」

というのが歌の真意である。

本当は愛の歌なぞではなく、霊の報復をおそれる鎮魂の歌であった。こうして一世を風靡した蘇我氏は崩壊した。

5 歌わぬ孝徳帝の悲歌

「鉗着け吾が飼ふ駒は引き出せず……」

——妻に置き去りにされた天皇の孤独——

難波に置き去られた孝徳天皇

大化の改新以来、政治の実権は中大兄皇子が握っていた。しかし、はじめのうちは群臣をひきいるためには孝徳天皇を奉り、天皇に尽くすというポーズをとっていたので孝徳天皇は一応満足されていたらしい。

ところが新体制が確立し、群臣が中大兄皇子に心服してくると、天皇を立てる必要がなくなり、次第に天皇を無視しはじめた。

一方、孝徳天皇は保守勢力に守られ、中大兄皇子の推し進めようとする前に立ちはだかってはみたものの旧勢力は次第に衰退していった。まず大豪族の長で左大臣だった阿倍(あべの)倉梯麻呂(くらはしまろ)が大化五年（六四九年）三月十七日に亡くなった。阿倍倉梯麻呂の娘、小足媛は孝徳天皇との間に有間皇子(ありまのおうじ)をもうけている。次いで孝徳天皇の縁者で支援者だった蘇我倉山田石川麻呂が中大兄皇子に攻められて自害。こうした保守勢力の有力メンバーの死は中大兄皇子をいよいよ孝徳天皇無視の方向に走らせた。

中大兄皇子は、古い政治体制を一日も早く切り崩し、中央集権国家を完成させなければ危ない、新羅国と日本との国際関係がぎすぎすしはじめているのだからと考えている。

そこで中大兄皇子は、防衛上、都を難波から大和に移すことを天皇に進言した。これは建て前だけの進言で、難波で保守勢力が孝徳天皇を中心に固まっているのを切り崩すのが真のねらいであった。

当然ながら、孝徳天皇は遷都を許さない。難波の長柄の豊碕宮は孝徳天皇の手がけた都であり、保守勢力と手を結ぶためにもここが必要であった。だから孝徳天皇は、

「ここの都は一年前に完成したばかりである。またもや新都を造るのでは民が疲れる」

と賛成しない。実際、豊碕宮は白雉(はくち)二年（六五二年）に完成したばかりだった。瓦こそ使ってないものの、掘立柱の大きな内裏正殿、朝堂正殿に八角形の建物や複廊まで備えた

立派な堂々としたものであった。

難波に都が造られたのは仁徳天皇以来二百年ぶりのことで、大化の改新を断行し政局が、大きな揺りもどしのあることを覚悟して一時、難波に都を還した。隣国新羅の動きがあわただしくなってきたためでもあり、改新後の政局が安定したことも理由であった。

都が難波では危ない、と中大兄皇子は巧みな弁舌をふるって説き、鎌足も理に訴え、情に呼びかけて、都を移すことを説く。

明日香村にある伝・藤原鎌足誕生地

こうして孝徳天皇を見捨てて中大兄皇子は飛鳥へ都を移した。

母の皇極上皇、弟の大海人皇子、皇后の間人皇女（はしひとのひめみこ）までが夫を捨てて中大兄皇子とともに飛鳥の河辺行宮（かわらのあんぐう）に移った。

残ったのは孝徳天皇の妃、小足媛とその子、十歳の有間皇子など。昨日まで活気に満ちていた豊碕宮は火の消えたように暗く重い日々が続いた。『日本書紀』によると、中大兄皇子とともに飛鳥に移っていった間人皇女を恨んで孝徳天皇は次の歌を詠んだという。

鉗着（かなきつ）け吾が飼ふ駒は引き出せず吾が飼ふ駒を人見つらむか　（日本書紀）

〈鉗をつけて大切に飼い囲っていた私の駒を、人は見たというのだろうか。〉

見るというのは肉体関係をもつ、ということ。だから、私が大切にして引き出せないでいた間人皇后を引き出して、中大兄皇子は関係したというのだろうか……という意。

孝徳天皇が駒を引き出せないでいたのは間人皇后が肉体関係を拒（こば）んでいたからと思われる。皇后になったとき、間人皇女はまだ十七、八歳。孝徳天皇はすでに五十歳という年の開きがあった。

女性は好きな男性にはすすんで身を投げ出しても、いやな男性とは向き合っているだけでも息苦しいほどの生理的な拒絶をもつ。いやとなれば男性を決してそばへ寄せつけない。それが肉体的に受け身でしかない女性に与えられた強烈な本能である。

ましてや、しきたりなど無視し、自分の生きたいように生きる個性の強い間人皇女のこと、孝徳天皇には指一本触れさせなかったのではないだろうか。

ところで、皇后に鉗つけ、とはいかにも乱暴な表現なので、この歌は馬駒部たちの間に伝わった民話が孝徳天皇の歌として編集されたのだろう……といわれている。

もしそうだとしても、このように乱暴な歌が孝徳天皇の歌とされる事情が天皇にあったと思われる。孝徳天皇は一見おだやかだが、内面の冷たい屈折のある人物だったのかも知れない。それが間人皇后の夫婦生活拒否に遭って、さらに後天的にも増幅されたのかも知れない。

なぜなら孝徳天皇は大化の改新後、形だけの天皇に置かれてもなお天皇の地位を捨てなかった名誉心の強い人物であった。現代流に言えばいわゆるよい子、ブリッ子。名誉心は強いが人間的な魅力には乏しい。間人皇后が一顧だにしなかったのもうなずける。

それに引きかえ中大兄皇子は魅力的である。もし熱心に迫ったら、たとえ間人皇女でなくとも、その情に負ける日が来たであろう。男性が女性を手に入れるために遮二無二押しまくれば、抗しきれない。女心はそんな愛し方を心の底で期待しているものである。

間人皇后が夫を捨てて大和に移ったことを非人情として批難する論が強いが、孝徳天皇に人間的な魅力と政治力があったなら、文武百官のすべてが孝徳天皇を見捨てるような結果にはならなかったはずである。

人間的な魅力にも乏しく、覇気がなく、仕事もできない、では孝徳天皇を捨てた間人皇女を一方的に責めることはできない。

愛する人、中大兄皇子が望めば、孝徳天皇に形式上でも嫁ぐこともあえてした間人皇后は、孝徳天皇がどんなに傷ついてもそれをひややかに見放し、愛する人にはどこまでもついていく、ひたむきな生き方をした。女であればこそである。

歌わなかった孝徳天皇

白雉四年（六五三年）五月、僧旻（みん）の病が重くなると孝徳天皇は見舞いの使者を出し、

「もしおまえが死ぬようなことがあったら、私もおまえのあとを追って明日にも死のう」

と言ったという。

天皇には僧旻のほかに心を開いて語る臣下も友もなく孤独だった。同じ孤独でも、その孤独を納得し、人に愛されることを求めず、他者を愛して生きようと努めることを知った

人間には孤独地獄はないが、孝徳天皇にそれを求めるべくもなかった。

そんな孝徳天皇は、難波に一人とり残されて失意のうちに暮らしていた。楽しみといえばただ一つ、九重の塔をもつ大寺の完成が間近いことくらいであった。

中大兄皇子ら一行が飛鳥へ移った当座、孝徳天皇は、豊碕宮で自分なりの政治をしようと意欲を燃やしはじめたときだけに失望と落胆は大きかった。天皇の大権を奪われ、皇后を奪われ、臣下も奪われ、踏んだり蹴ったりで、失意のどん底から這い上がれない天皇におとずれた肉体と精神の衰弱による悶死。

私にもそんな思い出がある。二十歳そこそこの頃、密かに人を恋い、密かにその恋を自分で摘み取った。他愛ない恋であったが、その恋を摘み取ると決めてからたった三日間で子供の頃から丸々としていた私は痩せ細り体型がいっぺんに変わった。

淡い初恋の経験にしてこうなのだから、孝徳天皇の受けた精神的・肉体的打撃は死に結びつかぬはずがなかった。中大兄皇子の一行が去ってほぼ一年で孝徳天皇危篤の報が飛鳥の河辺行宮に届いた。

形だけはまだ天皇である。さっそく間人皇后や皇極上皇、公卿らとともに中大兄皇子は難波の豊碕宮に駆けつけた。十月十日、孝徳天皇はあまりにも寂しすぎたその生涯を終えた。

飢えてはじめて一椀の粥（かゆ）のありがたさを知り、家を失ってはじめて夜具のぬくみがわかるのも幸せだとしたら、食べるものがあり寝る場所があることに感謝出来る人は孝徳天皇よりはるかに幸せな人である。

間人皇女は孝徳天皇の死を内心でほっとしたかも知れない。いくら無視していても夫である。皇后でいたことの幾年間の苦痛を思えば、天皇の死は彼女に解放感を味わわせてくれたに違いない。

ところで、万葉集には舒明、皇極、斉明、天智、天武、持統天皇の歌が集録されているが、ひとり孝徳天皇の歌だけがない。

なぜ、孝徳天皇の歌が集録されていないのだろうか。それはたぶん当時は大化の改新後の政治体制の確立にいそがしく、古来の慣習となっていた宮廷儀礼歌（たとえば国見の歌）などを作る余裕が宮廷になかったためではないだろうか。

あるいはまた、孝徳天皇の存在を無視した中大兄皇子の意向が万葉集の編集にまで影響したということがあるかも知れない。

孝徳天皇の一ヵ月の殯（もがり）が終わり、難波の磯長陵に葬ると、中大兄皇子一行は河辺行宮に帰った。もちろん、孝徳天皇の御代に発布された薄葬令に従って、いわゆる古墳といわれるほどの大きな陵墓は造られなかった。莫大な国費を使って壮大な墓を造ることは民を貧しくするとの戒めからの薄葬令の公布であったが、「死」に対する観念がこの頃から大きく変わってきたことも原因していよう。

「孝徳天皇は壮大な難波宮を建て、九重の塔をもつ寺院を建てて人民を駆使して国を貧しくしてきたが、中大兄皇子を中心とする新政府首脳部は、飛鳥の質素な行宮に甘んじている」

と、中大兄皇子の新勢力は巧みに宣伝活動をした。孝徳天皇の評判はこれがためにさらに落ちた。

「ねずみが、大挙して難波から飛鳥の都へ向かって走って行ったそうだ。都が飛鳥へ遷るのは天の意志だ」

といった類の噂話が町々に、村々に広がっていった。人心を巧みにとらえるすぐれた鎌足あたりの創作して流したものでもあろうか。

万葉集の中に孝徳天皇を偲ぶ歌も天皇の歌も一首もない。孝徳天皇が中大兄皇子によって一時的に利用された飾りものでしかなかったことをそれが証明している。

6 兄・中大兄皇子と妹・間人皇女の近親婚

「いとしき吾が若き子を置きてか行かむ………」

――絶唱・挽歌の背景に秘められた真実――

斉明天皇の即位

孝徳天皇が亡くなったとき、皇太子中大兄皇子は名実ともに宮廷の中心者で三十一歳の働き盛りだったから本来ならば即位して当然ながら、白雉(はくち)六年(六五五年)正月三日、母、皇極上皇が再び天皇の位につき斉明天皇と名乗った。同じ人が二度即位したのは日本史上はじめてのことである。なぜこのとき、中大兄皇子が皇位につかなかったかというと、同母妹、間人皇女との恋が原因らしい。間人皇女は、

「兄こそ実質上の天皇、私はその皇后だとおっしゃったじゃありませんか。それを今に

なって私以外の女を皇后に立て即位なさるといわれるならあなたを殺して私も死にます」

と、本当に心中しかねない気配を見せたかも知れない。中大兄皇子もこの激しい間人皇女の反撃に頭をかかえ込んだ。すると例によって中臣鎌足が、

「皇極上皇を再び天皇の位におつけなされませ。そうすればすべてが丸く収まります」

と進言する。五十歳に近い宝皇女もこれに賛成する。

「私が皇位につきましょう。中大兄皇子は皇太子として今までどおりの政を続ければいいでしょう」

と。なるほど、母の宝皇女が即位すれば、中大兄皇子は皇太子として自由にやっていける。母、宝皇女が地位を利用して派手な上にも派手な土木事業をする懸念はあるが、なんとかそれを最小限におさえればいい、と中大兄皇子は皇太子にとどまることを決意する。

これを、中大兄皇子が皇位よりも愛を選んだととる向きもあるが、大化の改新まで起こし、古人大兄皇子を殺害してまで手に入れたかった皇位を、一人の女への愛だけであきらめるはずはない。事実は、間人皇女と心中させられるよりは皇太子としてとどまった方がまし、ということだったのではないか。

中大兄皇子は天皇という尊称を得るために愛を捨てる必要はなかった。政治は官位や美

称ではない。実権の行使である。そしてすでにその実権のすべてを手中にしていた。

意志が強く、自分を十分に律することのできる中大兄皇子は、この時点で間人皇女との愛を即位に優先させることにした。

二人の母、斉明天皇の即位の式典に中大兄皇子は皇太子として、間人皇女は前皇后として列席した。二人の視線が合えば二人だけにしかわからぬ微笑（ほほえ）みが交わされたことであろう。

斉明天皇は即位の年の十月に推古天皇の宮殿跡地の小墾田（おはりだ）に瓦葺きの宮殿を建てようと

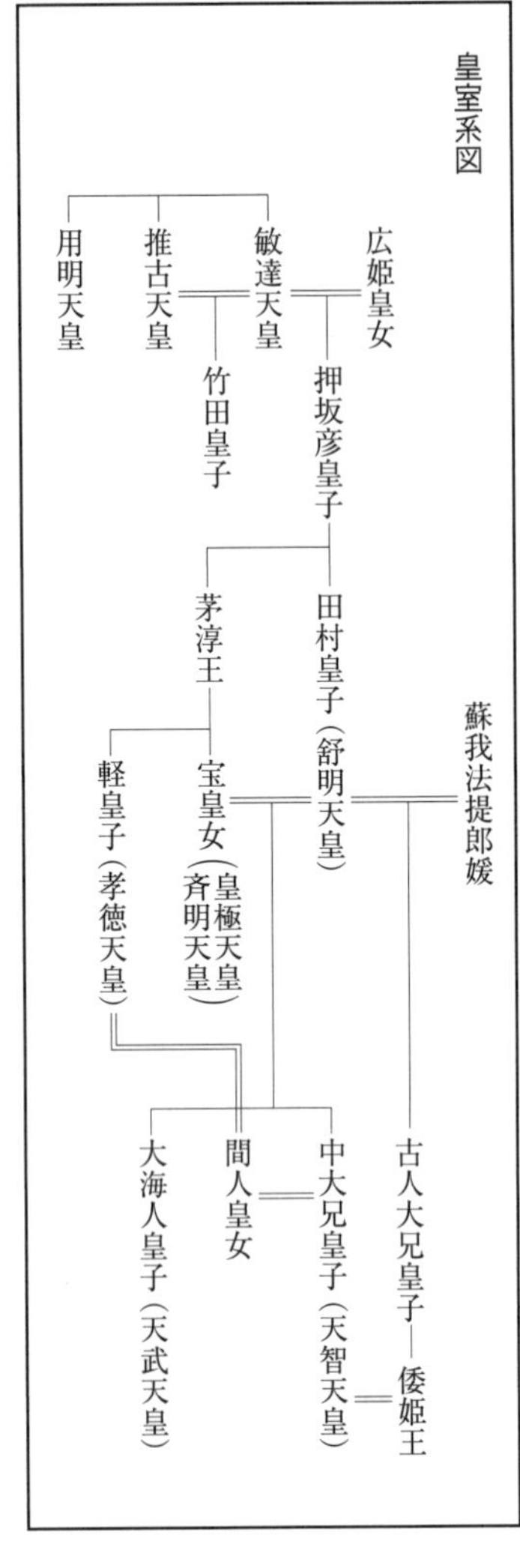

したが、柱の太さと瓦の重さが釣り合わなかったためこれを中断し、場所を変えてこんどは舒明天皇の跡地の飛鳥岡本宮に造営した。堂々たる石垣をめぐらすそれだけでも大工事で多くの人民を使役した。しかも、さらに六一九メートルもの田身嶺（現在の多武峰）の高所に楼閣を造った。両槻宮と呼ぶ。

斉明天皇は、人民は自分にその生涯を奉仕するために生まれて来た奴婢であるというくらいにしか考えていなかったらしい。贅を尽くす以外のことには関心がなく、どんな場所でも自分が中心でなくては我慢できないわがままな女だった。かつては皇極天皇として即位し、蘇我入鹿に利用されたときに、天皇とはどんなに贅を尽くしてもいいものだという観念と生活態度を植えつけられていた。

中大兄皇子は、蝦夷討伐に越の国守である阿倍比羅夫を遠征に出したり、中央政府の方針に従わない小豪族たちに罰を与えたり、豪族をおさえて天皇家の権力を増強させる政策にいそがしく、いわゆる中央集権国家建設に励んでいた。が、斉明天皇は、ひっきりなしに大工事を好み、香具山の西から石上に至る間に暗渠を掘り、二百隻の船に石を積んで運び、宮の東の山に石をかさねて垣を造ったりする。人々はそんな大工事をあなどり、「狂心の渠」と呼んだという。

渠を造るのに三万人、垣を造るのに七万人も動員し、しかもこの垣もついに完成しなかった。そしてせっかく集められた宮の材も山裾に埋もれたまま放置されるという始末で、斉明天皇の住む岡本宮が人民の恨みから放火され、焼け落ちているのも、もっともなことであった。

しかもこればかりではない。運河を掘り、軍事施設を造り、さらに吉野の山中に離宮まで造らせた。

中大兄皇子や中臣鎌足がこれを見かねて忠告すると、途中で工事を放り出し、もっと大規模な工事を別にやり出すこの斉明天皇には、ほとほと手を焼いていたらしい。

これらのことから考えると、難波の長柄豊碕宮の壮大な宮殿も亡き孝徳天皇の意志で造営されたものではなく、この斉明天皇の工事だったのかも知れない。孝徳天皇は儒学を好み、性格はおだやかで、リーダーとしては弱い性格の人だったらしいが、人民を困窮させてまで壮大な宮殿を造営しようとするような人柄ではなかった。ただ僧旻を信頼し、すすんで大寺の建立だけはしたようである。

とはいえ、大化の改新以来、皇極上皇として第一線を退いていた宝皇女は、孝徳天皇治世の十一年間は、我慢に我慢を重ねた生活をしていたのであろう。斉明天皇として皇位につくや、まるで物の怪につかれたように狂気じみた大工事をやり続けた。「日本悪女烈伝」のトップに位置していいしかし魅力のある女性がこの斉明天皇ではなかったか。

建皇子（たけるのみこ）の死

中大兄皇子の十四人の子供のうち、男子は建皇子、川島皇子、施基皇子、大友皇子の四人で、宮人腹でないのは建皇子ただ一人だったから本来ならば建皇子が次の時代の皇位継承者だった。

ところが建皇子は生まれながらにして体が不自由で弱かったため、斉明天皇は哀れでならず、明けても暮れても自分の傍にいさせて一途にかわいがったように伝えられているが、斉明三年（六五七年）五月、あっけなく死んだ、といわれる。

『日本書紀』によると、斉明天皇はこの建皇子にいくつかの歌を捧げている。

今城なる小丘（おむれ）が丘に雲だにも著（しる）くし立たば何か歎かむ　（日本書紀）

〈今城にある小丘の上にたくさんの雲が立ちこめたなら何も今さら嘆くことはないのだけど。〉

「水の神、竜王が悲しんで、建皇子を葬った今城の小丘を、雲でおおってくれればいいのに……建皇子の死を天はどうして泣いてくれないのでしょう」

と、天が涙の一滴も流そうとしないことがせつない、と斉明天皇は歌っている。さらに、

射ゆ鹿猪（しし）を認（つな）ぐ川辺の若草の若くありきと吾が思はなくに　（日本書紀）

〈射とめた鹿猪がつながれているあたりの川辺の若草ほどに幼かったとしみじみ思う

中大兄皇子の妃と皇子皇女名

名称	名	父の名	皇子皇女
皇后	倭姫王	古人大兄皇子	
嬪	造媛	蘇我石川麻呂	
嬪	遠智媛	蘇我石川麻呂	大田皇女　鸕野皇女　建皇子
嬪	姪媛	蘇我石川麻呂	御名部皇女　阿倍皇女
嬪	橘媛	阿倍倉梯麻呂	飛鳥皇女　新田部皇女
嬪	常盤媛	蘇我赤兄	山辺皇女
宮人	色天古媛	忍海小竜	大江皇女　川島皇子　泉皇女
宮人	黒援娘	越隈徳万	水主皇女
宮人	伊那都売	越道	施基皇子
宮人	宅子娘	伊賀国造	大友皇子

ものを。〉

建皇子は逝ってしまった。今、新緑の五月の川辺に萌え立つ若草のように若く純粋で何も知らないままに……。あまりにも早く……。

という歌意なのだが、まず最初の歌がおかしいと思うのは私だけであろうか。

斉明天皇は、「もし雲が立ちこめたら自分は嘆かないですんだのだろうに」と歌っている。しかし人の死が悲しければ、雲が立ちこめようが立ちこめまいが悲しいもの。

もし雲が天をおおって同情して泣いてくれたとしても天が泣けば自分が悲しまないでいい、という論法にはならないはず。何かある、この歌の背後には。

飛鳥川　漲（みなぎら）ひつつ行く水の間もなくも思ほゆるかも　（日本書紀）

〈飛鳥川にみなぎって流れて行く水の絶え間がないように、片時も忘れることなく建皇子が思い出されてならない。〉

建皇子の夭折に心を傷めた斉明天皇は、

「私が死んだら、きっと建皇子と同じ陵に葬ってほしい」

と言ったという。建皇子とはいっしょに葬っても、夫の舒明天皇の陵には合葬してくれるな、ということなのか。

とにかくここで、孝徳天皇の遺子、有間皇子が登場してくる。

有間皇子のすすめで、建皇子を亡くして傷心に打ちひしがれていた斉明天皇は、中大兄皇子らを従え、紀伊の牟婁の湯に湯治に出かける。その留守中に有間皇子の謀反が発覚して捕えられ、中大兄皇子のもとに送られて殺されるという事件が起こった。

有間皇子を殺すために仕組まれた事件には違いないが、この事件の筋書きを裏で書いた人物はだれか。それはとにかく、傷心の斉明天皇に有間皇子が温泉療法をすすめた。

「去年、私の行った紀伊の牟婁の湯にいらしてはいかがでしょう。私はそこの景色を見ただけで気分がさわやかになり、病もよくなりました。牟婁の湯ならば御心が少しでも癒されるかも知れません」

と。この牟婁の湯行きは、有間皇子にすすめられて行くのだということを大いに宣伝してから決行されている。要するに斉明天皇は、有間皇子をたいへん信頼しているのだ、と文武百官にわからせるように宣伝これつとめている。
こうしてから、斉明天皇の四年（六五八年）十月、天皇は中大兄皇子らといっしょに紀伊の牟婁の湯に行幸した。

山越えて海渡るともおもしろき今城の中は忘らゆましじ　（日本書紀）

〈山を越え海を渡って行こうとも、眺めのいい今城を忘れられない。〉

今城は、建皇子の墓所のあるところである。

水門の潮のくだり　後も暗（くれ）に置きてか行かむ　いとしき吾が若き子を置きてか行かむ　（日本書紀）

〈水門のある河口の潮の音を聞きながら、海をくだって行くと、後方はどんどん暗くなってくる。その暗みの中にいとしい建皇子を置いていくというのだろうか、いとし

く幼い子をおいていくというのだろうか。〉

建皇子の陵のある方向が暗くなる。その暗さから離れるように船のすすむことが悲しい、と斉明天皇は歌う。

闇の中にぽつんと建皇子一人を残し、どんどん離れていってしまうので建皇子が不憫(ふびん)だという。自分一人だけでもあの闇の中へもどっていってやりたい……と。

ところで、ここに気になることがある。『日本書紀』によると、これら建皇子をしのぶ歌を詠んだあとで、斉明天皇は、

「詔(みことのり)して曰(のたまわ)く、『斯(こ)の歌を伝えて世に忘らしむること勿(なか)れ』」

と命じたという。

斉明天皇はなぜ、これほどまでに建皇子をしのぶ歌を世に伝えて忘れさせないでくれ、と命じたのか。建皇子が哀れでかわいかったから忘れないでほしいと願ったというのが従来の解釈である。しかし人の困ることなど一顧だにしないで狂者とまでいわれても平然と大土木工事をやり続けたしたたかな女性である。常識的な通りいっぺんの解釈では真実に迫ることはできない。

事実は、斉明天皇は、建皇子をかわいがっていなかったのではないか。不自由な建皇子を見るといらいらし、建皇子を遠ざけたかったのではないか。

「中大兄皇子が、蘇我蝦夷や入鹿、それに石川麻呂まで殺したその報いが、皇位継承者の建皇子を不具にしたのだ。怨霊のなせる業……」

と、ひそかに臣下や民間でささやかれていることを知って、我慢ならなかったのではないか。

髪の毛一本の乱れを指摘されてもその相手を殺したいくらいの女性である。不自由な建皇子を見ると、どうしようもなく苛立ち、早く死んでくれ、と内心で思うことがあったのではないか。

また、こんなことも考えられる。蘇我石川麻呂が死んだのは大化五年（六四九年）。この年に建皇子が生まれている。

建皇子の母は蘇我石川麻呂の娘の遠智媛。石川麻呂が無実だったことを知って中大兄皇子に、遠智媛はつめ寄ったに違いない。

「どうして私の父を攻めなくてはならなかったのですか。どうして一言、私に言ってくださらなかったのですか。どうして父の弁明を聞いてくださらなかったのですか」

と。たとえ妻の父ではあっても天皇の命令さえ無視できるほどの権力をもっていた石川麻呂である。機会があれば殺そうと思っていた中大兄皇子にとっては、弁解できないだけになおのこと遠智媛のこの抗議は腹立たしかった。

「蘇我入鹿を討てたのも、父の協力があればこそではありませんか。あの事件のあと大きな騒ぎにならなかったのも、父が皇太子に味方していたからではありませんか。それを、あまりといえばあまり……」

「うるさい」

と遠智媛を突きのけたその手が恐怖におびえて母にすがりついていた建皇子にあたった。それがもとで建皇子の耳が聞こえなくなり唖（おし）になったのかも知れない。とすれば、

「腹立ちまぎれに妻に振り上げた手が子供にあたって聾（つんぼ）になったのだ」

「建皇子が不具になったのは、石川麻呂のことで遠智媛と言い合っていたときに皇子を投げ出したからだそうだ」

「天皇家は大勢の人を次から次へと殺して来た。その死者たちの祟りに違いない」

といった噂が都に流れたと思われる。事実はわからないながら五月、建皇子が突然に亡くなった。事故死だろうか、病死だろうか、とまた都ではささやかれたに違いない。

建皇子さえいなければ、とその死を望んでいた斉明天皇はそれだけに死者の祟りがこわい。そこで急いで皇子の霊を慰めることをはじめた。

人々の集まった席で、建皇子の死を悼んで泣き悲しんでみせる。歌を詠んでみせる。これらすべては演出であった。建皇子をおどおどとこわがらせ結果的には死へ追いやった斉明天皇のやさしげな歌を偽作して『日本書紀』は、中大兄皇子周辺の人々をいやが上にも立派な人々として仕立て上げていく。その嘘を知っていたために万葉の編者は建皇子をしのぶ一連の歌を万葉集にとり上げなかった。従来の説のように重複をさけたのではない。

挽歌の絶唱ともみえるこれらの歌の奥に秘められている背景を、万葉集は雄弁に語っているとも言えるのである。

7 悲歌——有間皇子の処刑

「草枕旅にしあれば椎の葉に盛る………」

——天皇の座と女性をめぐる骨肉の争い——

有間皇子の処刑

有間皇子（ありまのみこ）は、孝徳天皇と阿倍倉梯麻呂の娘、小足媛との間に生まれたただ一人の皇子で、孝徳天皇が亡くなったとき、十五歳であった。

父、孝徳天皇の悶々たる死を見て必要以上に身の危険を感じてか、有間皇子はまわりへの懐疑と寂寥感にとらわれて心を開くことがなかったため、今日でいうところの鬱病にかかった。

その鬱病がよくなっても皇子はなお身の危険を感じ狂人のまねをしていたという。『斉明記』には、「有間皇子、性さとし、いつわりて狂う云々……」とあり、ハムレットのように身を守るため、狂気のまねをしていたと記録されている。

有間皇子は病気を治すために、風景のよい紀伊の牟婁（むろ）の湯に出かけ病もすっかりよくなって都に帰って来た。

そして建皇子を亡くして悲しんでいる斉明天皇に、牟婁の湯行きをすすめた。

そこで天皇は中大兄皇子らを伴って蘇我赤兄（そがのあかえ）を留守居の長官として残し、牟婁の湯に出かけた。紅葉の美しくなる斉明天皇四年（六五八年）十月のことであった。

十一月三日、留守居の長官をしていた蘇我赤兄が有間皇子を訪ねて来た。赤兄は、殺された蘇我倉山田石川麻呂や、九州に流された日向とは実の兄弟である。その赤兄に、有間皇子が天皇の政治の三つのあやまちを語った。

一つは、大きな倉を建て、民の財を集めたこと。

二つには、長く渠水（みぞ）を掘って公の糧を浪費したこと。

三つには、舟に石を積んで運び丘としたこと、すなわち大土木工事のやり過ぎが人民を疲れさせ、人々の心がはなれてしまったこと。

孝徳天皇が亡くなったとき、すぐに中大兄皇子が皇位につけば、有間皇子も皇位につくことを断念したはずながら、中大兄皇子が皇太子の位にとどまったため、自分も天皇になれるかも知れない、という淡い期待を有間皇子がもったにしてもあながち無理ではなかった。

「もし自分が天皇になれば、このように人民を困窮させるような政治はしない」

と思ったであろう。

「自分が天皇になったら、悶死した父孝徳天皇の仇が討てる。父を捨てた間人皇后に思い知らせてやれる」

とも、密かに考えたかも知れない。私憤と公憤の入りまじりがこの線の細い坊ちゃん的な皇子にはあった。しかしそれは内面の思いだけで決して行動に移るものではなかった。

蘇我赤兄の政治批判を聞いて、有間皇子は赤兄が自分に心を開いて語ってくれたと感じ先述の三つの政治批判をした。兄、石川麻呂を殺されている赤兄にすれば、中大兄皇子や斉明天皇を心よからず思っているに違いないと思い込んでしまったとしても当然である。

有間皇子は、蘇我赤兄が、娘、常盤媛を中大兄皇子のもとに入内させていることを忘れていた。石川麻呂や日向の兄弟であるからこそ、中大兄皇子に恨みを抱くのでなく、不信を抱かれまい、と必死で忠誠をつくそうとする人の心の動きに気がつかなかった。十九歳ではなんとしても若すぎた。

十一月五日、今度は有間皇子が蘇我赤兄の邸を訪ね、挙兵のための具体策を練ったという。その具体策とは、
一、官屋をことごとく焼くこと。
一、五百人の漁師に船を出させ、牟婁から都へ帰る淡路の海路をさえぎること。
と、いうものだった。

海路をさえぎる役には塩屋連コノ魚（しろ）という者があたることになった。コノ魚という人物は海人族で、和歌山県日高郡の国司らしい。

有間皇子は中大兄皇子たちの帰路をふさぐという手間隙のかかる戦略をたてたが、もし逆に中大兄皇子が策を立てたなら、牟婁を急襲させ、他はかえりみず中大兄皇子一人の生命をねらっただろう。有間皇子の戦略はいかにも甘かった。

この密議の途中、蘇我赤兄のおしまずき（脇息）の脚が折れ、赤兄の顔色が変わった。

「これは不吉の前兆だ。この企てはここまで」

と話を打ち切って有間皇子を帰し、牟婁の湯の中大兄皇子のもとに有間皇子謀反の急使

を走らせ、さらにその夜のうちに物部朴井連鮪（えのいむらじしび）に命じて兵を集めさせ、有間皇子の邸を囲んだ。寝込みを襲われた有間皇子は抵抗できないまま捕えられた。

この事件を中大兄皇子のたくらんだ策略とみる人が多い。留守居の長官赤兄に命じて、有間皇子を陥れる芝居を打ったという。赤兄の急変ぶりがいかにも不自然なためである。しかし、強力な政治的権力をその掌中にしている中大兄皇子が、狂気のまねまでして身の安全をはかっている有間皇子一人を殺すのにこうまで策略をめぐらす必要があったとは私には考えられない。邪魔者は、理由がなくても次々と殺してきた中大兄皇子である。

また、次のような考えも成り立つ。

蘇我赤兄は退屈しのぎに有間皇子を訪ね世間話をした。天皇の土木事業のやりすぎへの批難も当時では一般的な話であった。ところが、有間皇子は若く純粋なだけに赤兄の言葉を拡大解釈したのかも知れない。そして百万の味方を得たように思い、

「今こそ兵を挙げるべきです」

と身を乗り出した。

「若い者は突飛なことを考える。困ったことだ」

と、赤兄はその話を聞かなかったことにし、お茶を濁して帰った。

ところが、有間皇子は本気で政権奪取を考えて再び赤兄の邸を訪ねた。これは危険だ、と感じた赤兄はすぐさま有間皇子を捕えたという考えも成り立つ。

事実は、牟婁の湯行きは有間皇子にすすめられたのではあっても、その時点で、有間皇子を亡き者にしようとは中大兄皇子も考えていなかった。たまたま偶然が重なり、有間皇子を亡き者にしようと思っていた条件が向こうから飛び込んで来たということだろう。

有間皇子をめぐる万葉集の歌は、有間皇子がまったく無罪であり、だれが見ても謀反のかけらもなかったことを雄弁に物語っている。

すでに有間皇子は十九歳であり皇位継承資格者なのだから心身ともに健康をとりもどした有間皇子のもとに今の政治に不満をもつ人々が集まってくるのは当然である。有間皇子をそのままにしておくことは危険だ、と天皇や中大兄皇子が考えはじめていた。そこで中臣鎌足が斉明天皇の牟婁の湯行きを献策したのかも知れない。

有間皇子の病はすっかり治っていること、有間皇子のすすめに従うことは天皇や中大兄皇子が有間皇子を深く信用していることを人々に吹聴できる。そして留守居の長官を蘇我赤兄に命じ、蘇我赤兄が有間皇子を謀反の廉で捕えたが、この事件は策略か偶然の重なりかはわからない。ただ赤兄により有間皇子が捕えられたという事実が知られているだけである。
　捕えられ、護送される途上での有間皇子の有名な歌がある。

　　磐代の浜松が枝を引き結び真幸くあらばまた還り見む
　　　　　　　　　　　　　　　　　（巻二―一四一）

〈磐代（和歌山県日高郡岩代村、現在の南部町）の浜の松の枝を引き結んでいくが、もし無事であったら、また帰って来てこれを見よう。〉

もし自分が無事で帰って来たら結んだ松の枝を見よう、と詠んでいるのは、殺されるかも知れないという不安と同時に無事に帰ってこられるかも、という期待を示している。行く手には死刑しか待っていない権力世界の非情を頭で知ってはいても、まだ若い青年有間皇子の生への執着が、哀れ深い。さらに引かれ行く旅の途上での次のような歌もある。

蘇我氏系図

- 蘇我蝦夷
- 倉麻呂
  - 赤兄
    - 常盤媛（天智妃）――山辺皇女
    - 大蕤娘（天武妃）
      - 穂積皇女
      - 紀皇女
      - 田形皇女
  - 倉山田石川麻呂
    - 乳媛（孝徳妃）
    - 造媛（天智妃）
    - 遠智媛（天智妃）
    - 姪媛（天智妃）
  - 日向

家にあれば笥に盛る飯を草枕旅にしあれば椎の葉に盛る　（巻二―一四二）

〈家にいれば、笥に盛る飯を、このような旅の途上なので、椎の葉に盛ったことだ。〉

盛る、のくり返しが単純で響きがいい。このようなくり返しは古い歌の形の名残りである。悲しみに沈んでいる歌ではあるが、淡々として情に溺れず、気品と気骨とを感じさせる。成長した暁にはどんなにかその真価を発揮できる男性になったことか、とさえ期待させる。

『日本書紀』に「有間皇子、性さとし」と書いてあることがこれで納得できる。ところで有間皇子はこの旅の途上で神に食物を供え、「神よ、旅の途上で器もありませんが、心をこめて椎の葉に飯を盛って供えます。どうぞ無事でいられるようお守りください」と祈願している。先の「磐代の浜松が枝を引き結び真幸くあらばまた還り見む」と同じように調子が張っていて、生命の危機を感じながら、平然と眼の前の現実を歌う強さをみせている。

この椎の葉に盛った飯は神に供えるためでなく、有間皇子が食べたのだという人がいるがそれは違う。なぜなら今でも西岩代一帯に「ヒトゲ」と呼ばれる習俗があり、赤子が生まれて一ヵ月たったあとの一日と十五日に、米の団子を二つ重ねて樫の葉にのせ、お宮に供える風習があるそうだ。この素朴な民間行事が西岩代一帯に残っていることから推して、有間皇子は神に飯を供えたと解釈していいのではないか。

十一月九日には、牟婁の湯で中大兄皇子が有間皇子を尋問する。

「なぜ、謀反を起こそうとしたのか」

十九歳の有間皇子は昂然と答える。

「天と赤兄と知る。われ知らず」

天と赤兄とが知っていることで私は何も知らない、と。

「赤兄に聞かれたらいいでしょう」

と突っぱねた。赤兄に謀られた、と臍（ほぞ）を噛んだものの、やはり貴公子然とした強さをみせている。

「真幸くあらばまた還り見む」と、死を感じながら、あるいは、と無実ゆえの助命に期待した有間皇子は、捕えられてわずか六日目の十一月十日に藤白坂の露と消えた。

ところで有間皇子をめぐる万葉集のこの歌からなぜ、有間皇子が無罪だとわかるかというと、有間皇子の歌二首はいうまでもなく有間皇子を偲ぶ歌が数多く載っているからである。

万葉集には、原則として謀反をはかったり、天皇家に忠実でなかった人の歌は集録されていない。処刑と同時に焼却などされてしまったらしいのだ。

たとえば、

＊皇極天皇の極端な土木工事を批判し、自分の身を守るために戦をするよりは、と死んだ、山背大兄皇子。

＊大化の改新後、その施策に不満な大豪族たちが自分の所に集まる気配を見せたときの古人大兄皇子。

＊天皇家をおさえ、自らの邸で政治をとっていた蘇我入鹿・蝦夷。

＊天皇と対等に振る舞って、冠を拒否していた蘇我倉山田石川麻呂。

これらの人々の歌は集録されていない。その地位や教養からいって歌を詠まなかったはずはないのだが。

また処刑されたり、死に追いやられたこれらの人々を偲ぶ歌もない。が、有間皇子を偲ぶ歌だけは数多い。

だから先の山背大兄皇子から石川麻呂までは、当然、殺されても仕方がない原因をそれぞれの人がもっていて死は天罰であった。天罰なら霊となってこの世にとどまって祟ることなど永遠にできない完全死であると信じられていた節（ふし）がある。言ってみれば完全死は無であり霊さえないからその人を偲ぶ歌などは必要ない。

難波宮址。ここから有馬まで古道が建設された

偲んでいるとわかってもらう必要もない。気も狂わんばかりに亡き人を偲ぶほど愛していた人は同時に殺されていると思われるし、仮にどんなに偲んだところで、完全死では、相手にわかりもしない。

このような古代人の信仰のあり方を考えると、有間皇子の歌があり、有間皇子を偲ぶ歌が万葉集にあるということは、有間皇子が完全死でないと考えられていたからである。有間皇子自身にはまったく謀反の心などなく、その気配もないことを多くの人々が熟知していたからである。

だから、有間皇子の鬱病は治ったとか、有間皇子のすすめで紀伊の牟婁の湯に行くほど信用しているとか、有間皇子が謀反を企て中大兄皇子らの帰路をふさぐなど具体的に計画した、などと宣伝する必要があった。

無実だと、のちに中大兄皇子らが認めた石川麻呂のときでさえ、二十三人も殺している。わずかでも従順でないとにらまれた塩屋連コノ魚を有間皇子と謀反をはかったといって処刑するくらいは朝飯前のことである。有間皇子とともに塩屋連が処刑された方が、謀反の事実がいかにも本当らしくなる。しかし、都の官舎をすべて焼き、中大兄皇子らの帰路をふさぐとかなり具体案が出ているのに、皇子といっしょに処刑された人があまりに少ない。

表向きは有間皇子が謀反を計画したことになって処刑されている。しかし、この具体案を口にしたのは赤兄のみだったかも知れないし、また、そんな具体案などどこにもなかったかも知れない。事実として、有間皇子に謀反の気配もなかったということが、万葉集に有間皇子に関する歌が数多く載っているということでわかる。

事実は、有間皇子を亡き者にしたいという意図のあることを、赤兄が、斉明天皇や中大兄皇子から感じとっていて、有間皇子を捕えたのではないだろうか。自分の保全のために。

これがために有間皇子の霊がこの世にとどまって祟らないよう、皇子の霊を慰める必要があったと思われる。

有間皇子を偲ぶ歌

万葉集には有間皇子を偲ぶ歌がいくつもある。その多くは前節で見たとおり、有間皇子の霊を慰め、祟りを封じ込める歌であるが、純粋に有間皇子を偲ぶ歌もある。

ところで有間皇子は中大兄皇子にくらべると弱者である。そのため判官びいきの日本人の好みのせいか、世間の同情は深かった。しかし、有間皇子を死に追いやった中大兄皇子が鬼のような人物に思われているかというとそうではない。

たとえば徳川家康は狸おやじ、織田信長は短気者で知られているように、その人を全面的に否定せず欠点のみが伝えられることが多いが、中大兄皇子にはそれがない。時代がさかのぼりすぎているため伝承が風化してしまったのか、また欠点をカバーするだけの人間的スケールが大きかったのか。または大友皇子が敗死したことへの同情からか。または敵も味方もあの世では手をつながせてしまいお互いの立場を了解してしまう日本人的発想のためか、中大兄皇子への批判は伝わっていない。

とはいえ、中大兄皇子の批判が伝わっていないいちばん大きな理由は、その弟、大海人皇子が大友皇子を敗死させて皇位を継いだあとで、できる限り中大兄皇子を持ち上げたためと思われる。

それはちょうどソ連でレーニンが後継者と決めていたらしいトロツキーをおさえて権力の中心人物となったスターリンが、必要以上にレーニンの偉業をたたえることで、その後三十年もの間独裁者となった、ということにも見られるように、古今を通じて「権力」のありようというものが軌を一にすることを示している。

長忌寸意吉麿（ながのいみきおきまろ）

磐代の岸の松が枝結びけむ人は帰りてまた見けむかも　（巻二―一四三）

〈磐代の岸の松が枝を結んで幸せを祈ったという人は、無事に帰ってその松を見ただろうか。〉

「無事に帰ったら、もう一度結び松を見たいといった有間皇子よ。あなたは魂となってもう一度結び松を見たのでしょうか」

と有間皇子の魂に呼びかけるのは、魂となってでも結び松を見てほしかった……という意吉麿の願望である。もう一首。

磐代の野中(のなか)に立てる結び松情(こころ)も解(と)けず古(いにしへ)思ほゆ　（巻二―一四四）

〈磐代の野中に立っている結び松は、今も結ばれたまま解けないでいるが、その松のように私の心も解けることなく昔のことを思っている。〉

結び松を見ながら、有間皇子の短い生涯を思い返し、有間皇子の心中を察し、権力闘争に明け暮れた人々のありさまを思い描きながら、人が生きる悲しみを噛みしめている意吉麿。万葉集に意吉麿の歌が数首あるが、次もその一首。

蓮葉(はちすは)はかくこそあるもの意吉麿が家にあるものは芋の葉にあらし　（巻十六―三八二六）

〈蓮の葉とは、なるほどこういうものなのだ。とすると、私の家にあるのは似てはいるけれど蓮ではなく芋の葉なんだな。〉

真面目過ぎて感受性のにぶい人より、意吉麿のようにユーモアのわかる人のほうが人生の本質をつかんでいることがあるようだ。本当のユーモアこそ、人生の本質に根ざしていて、悲しいほどに面白い。

山上憶良

鳥翔(かける)なす在り通ひつつ見らめども人こそ知らね松は知るらむ　（巻二―一四五）

〈鳥となって、有間皇子の魂が通って見ていることを人は知らなくても、松は知っているだろう。〉

貧窮問答歌で知られる山上憶良の歌。

「有間皇子の魂が鳥となり、通って来て結び松を見ているのは確かだ。人にはわからなくても松はそれを知っているのだから、有間皇子よ、あなたは魂となって願いを果たしたのだから、さあ安らかにあの世でお休み……。」

という鎮魂の歌である。

昔の人は、死ぬと鳥になり、魂が天翔けると信じていた。ところで今でも、心の奥底ではそう思っている人もあるようだ。私にもそんな思いがあって自分でも驚く。というのは、ここ一ヵ月あまり、私の部屋のガラス戸をトントンと二度ほどたたいては、前の柘植(つげ)の木にとまるきれいな小鳥がいる。

尾が少し長く、雀よりやや大きい鳥で、胸は紅色に近く、紺色に近い羽にくっきりと白い三角形の紋がある。私の住む市川市内で今まで見たこともなかった「ひたき」である。私は亡父がこのひたきになって飛んできてくれた、と本当に思ったものだ。

人には知識では説明できない感覚が深く内在しているらしい。古代人のもつ感覚が私の肉体や精神にひきつがれていて、平生はその姿をかくしているが、ひょんなときにすまし顔で出て来ては驚かすらしい。

ところで、憶良は歌人としては二、三流の常識人である。猛勉強をし、優秀な成績で官吏として登用され、中国へ渡った人だけにどこか理屈っぽい。

憶良は社会の規範どおりに生きるタイプの人だ。

憶良が有間皇子の魂に、「鳥となり、結び松を見て、満足しているでしょうね」と呼びかけること自体、刑の執行側を喜ばせる詠み方でしかない。なぜなら有間皇子の魂が満足すれば、化けて出たり、祟ったりすることがないから中大兄皇子らを喜ばせることは確かである。

先の意吉麿は、「無事だったら見たいといった結び松を見たでしょうか」と問いかけている。ところが憶良は、「有間皇子の魂は鳥となって結び松を見ている」と断定している。権力者が望むところを察知して、その権力者がいちばん喜ぶような歌を歌い上げる。憶良は頭のいい男だから、有間皇子が結び松を見たいというのは方便で、実は無事を願ったのだと知っている。しかも結び松を見たのだから、もう満足できるでしょうというのは、巧みなすり替えだということも知っている。有間皇子は結び松を見ることを目的としたのでなく、無事であることが目的だったから、死んでしまっては結び松を見たところで仕方がない。だから松を見たんだからいいでしょうというのはすり替えだと知っているけれども、憶良は権力者の喜ぶように詠むこと、体制に順応することは正しいことと信じきっている。
こんな話もある。憶良の病気が重くなったとき、時の権勢家、藤原八束が見舞いの使者を送った。すると憶良は感激して、

士やも空しかるべき万世に語り継ぐべき名は立てずして　（巻六―九七八）

〈男子たるものは空しく朽ち果てるべきではない。万代に語りつぐような立派な名を立てないで……。〉

と歌っている。要するに名を立てることがすべてに優先する。世に順応することが何よりも先になる。だから本能的に直感する是非の判断も、強烈な名誉心でにぶってしまう。本質などより、世間に認められ、賞讃されるかどうかが問題になる。ある意味で優等生タイプである。このような男に、文学の本質がわかろうはずがない。社会性のある歌を詠ん

だところで、その本音のところは新しがって認められたいだけなのかも知れないと私には思われる。
とにかく不遇で逝った有間皇子を偲んでさえ、朝廷側に賞讃されるように歌っているのが気にかかる。もちろん、日本文学史上さきがけて社会性のある歌を詠んだ価値は私も高く評価しているけれども。

柿本人麻呂

後見(のち)むと君が結べる磐代の子松がうれをまた見けむかも　（巻二―一四六）
〈あとで見ようとあなた（有間皇子）が結んだ磐代の小さい松の梢を再び見たでしょうか。〉

柿本人麻呂がこの歌を歌ったときは、有間皇子が処刑されて、すでに四十三年の月日が流れていた。

有間皇子が結んだときは小さかったに違いない松が、今は大きくなっている。その松を見ながら、柿本人麻呂は有間皇子に呼びかけるのだ。「この松をあなたは再び見たでしょうか」と。

柿本人麻呂は宮廷歌人なので、有間皇子に鎮魂の歌を捧げるように命じられたかも知れない。ところで、この人麻呂の歌は先に見た山上憶良の歌、「鳥翔（かける）なす在り通ひつつ見らめども人こそ知らね松は知るらむ」とは微妙に違っている。柿本人麻呂は、

――あとで見ようと結んだ小松の枝を見たのでしょうか――

と聞いているだけなのだ。憶良のように、

――もう見たでしょうからお鎮まりください――

などと、押しつけがましく言ってはいない。「小松がうれをまた見けんかも」と歌い、有間皇子の魂が松の枝を見たかどうかだれも知ることはできないのだ……と、どこかで覚めきっている。

ところで万葉集中、第一級の歌人といえる人麻呂には旅の歌が多い。

小竹（ささ）の葉はみ山もさやに乱げ（さや）　どもわれは妹（いも）思ふ別れ来ぬれば　（巻二―一三三）

整ったリズム、形象と調べとの完全な調和、抱擁した女の切ないもだえまでが聞こえ女体の感触がよみがえるほど……の微妙な官能の世界の表現に成功している歌である。

ささの葉のさやぎを聞きながら、旅行く人麻呂が、別れて来た女を一足ごとに思い出している。しかし男はこのようにして契（ちぎ）った女から離れて行く。


淡海（あふみ）の海夕波千鳥汝（な）が鳴けば情（こころ）もしのに古（いにしへ）思ほゆ　（巻三―二六六）

近江は中大兄皇子がその都を移したところ。激しく生きた中大兄皇子と若くして戦いに敗れて逝ったその子、大友皇子の二人の生涯を思い浮かべてみただけでも近江の都は人々の心を引きつけずにはおかない。

その近江の都を訪れた柿本人麻呂は深い感慨にひたりつづける……。

その人麻呂が有間皇子の鎮魂の歌を歌うように命じられても、「後見むと君が結べる磐代の子松がうれをまた見けむかも」としか歌うことができなかった。己れを偽ることができない人故に。権力者の望むところが手にとるようにわかっていても、それに迎合できない人麻呂は「……子松がうれをまた見けむかも」という問いかけにとどまった。

そこには人麻呂の有間皇子を偲び人の世の悲しみと痛みを見つめる高い精神がある。

柿本人麻呂は宮廷歌人だったが、その域を通り越えた詩人であった。体制の中に生きながら体制に組み込まれない自由な心をもっていた。こんなところからも人麻呂の流刑説のあることがうなずける。

斉明天皇の沈黙

八歳で逝った建皇子の死を悼(いた)み、歌を捧げている斉明天皇が、甥にあたる有間皇子の死を悼む歌一首詠んだようすもなく、死を悲しんだと伝えるわずかな記録もない。ということは、斉明天皇は有間皇子の死に直接かかわってはいなかったのであろう。だから有間皇子の死霊におびえ、鎮魂歌をあわてて捧げる必要がなかった。

烈しい気性の女帝斉明天皇は、わが子、中大兄皇子に敵対する可能性のあるものには一滴の涙も流さない女性であった。考えようによっては、現代の薄っぺらなヒューマニズムに毒されない、まぶしいほどに強い母だといえるかも知れない。

持統天皇

藤白のみ坂を越ゆと白たへのわが衣手は濡れにけるかも　（巻九―一六七五）

〈藤白の坂を越えようとして、ここで絞首刑にあった有間皇子のことを思い、私の白妙の衣の袖は涙で濡れたことだ。〉

女帝、持統天皇の歌。持統天皇は中大兄皇子の娘で、万葉集の中でもきらりと光る女性である。情があり、ユーモアがあり、知性があり、行動力があり、また十分に冷酷でもあり、個性の豊かな魅力いっぱいの女性である。

この持統天皇の歌は、今までの歌と内容ががらりと違っている。この歌は有間皇子の魂に呼びかけたり、結び松を見たでしょうと言ったりせず、もっと冷静である。

現世と来世とに明確に一線を引き、現し（うつ）身の自分が、今たしかに有間皇子の故事をしのんでいる。

この科学性は時代が下がって来たことと、持統天皇のものの見方がからみあって生まれたものである。個と時代とは微妙に影響しあうから。ところで持統天皇はあからさまに有間皇子を詠んではいない。藤白の坂と詠んでいるだけである。

淡々とした詠みぶりが、そこで処刑された有間皇子と、処刑した父、中大兄皇子の二人を包む時代性を持統天皇は確かに把握していたと感じさせられる。

有間皇子の事件は、宮中の内外で語られ広く伝えられていったはず。有間皇子が謀反を計画しなかったとしても、有間皇子がいるというだけで不平分子の集まってくる可能性をもった人だったから、本人の意志に関係なく、いずれは殺されなくてはならない人だった。

ましてや有間皇子は挙兵のことまで言い、天皇の政治を批判したと伝えられている。生まれながらにして、台風の目のような存在だった。しかも、熱帯低気圧になって大型台風として育つだろうと、一部で期待されていた。だからこそ台風の目は大きくならないうちに消滅させる必要があった、と持統天皇は冷静に判断していた。「藤白のみ坂を越ゆと白たへのわが衣手は濡れにけるかも」との表現は処刑を十分納得していたと思わせる。

「結び松」考

磐代(いはしろ)の浜松が枝を引き結び真幸くあらばまた還り見む　（巻二―一四一）

磐代の岸の松が枝結びけむ人は帰りてまた見けむかも　（巻二―一四三）

有間皇子は「浜松が枝をひき結び」と詠み、長忌寸意吉麿は「岸の松が枝結びけむ」と詠んでいる。

松が枝を結んだというのは下に垂れ下がった松の枝と、のびた草とを結んだと解説しているものもあるが、それは不自然だ。冬には草が枯れて結べなくなる。

「松の枝を結ぶ」というのは、枝そのものを結ぶのでなく、自分の大切なものを松の枝に結びつけて捧げ、危害を加えられないように、その土地を支配している霊に願うということである。

霊とは未完成で、神にはなれないけれど霊力があり、気ままで、人を窮地に陥れたり、気が向けば助けたりするものと古代では信じられていた。明るく、おおらかで、わがままで無愛想で坊ちゃん的で、親しみのある存在である。

その霊に有間皇子は自分の大切なものを、御神木と信じられている松の枝に結びつけて捧げ、「どうぞ無事でありますように」と祈った。霊は御神木に捧げられたものに満足し、自分を奉り恐れる人の思いに満足して害を加えない……と人々は信じた。

現在でもおみくじを木に結びつけたり、七夕の笹に願いごとを書いて結んだりするのはこの種の俗信の名残りで、一種の魔除けである。

私の住む市川市の宮久保に、かつて〝袖かけ松〟という名高い松があった。第二次世界大戦後に伐り倒されたとき思わぬ方向に松が倒れ、小学校一年生の子がこの松の下敷きになって死んだ。袖かけ松は御神木で切ると祟りがあると信じられていたので、人々はやはり祟りがあった、と、今も語り伝えている。

急坂の傍らにあったこの松の張り出した大枝のため昼でも暗く、道はじめじめして滑りやすかった。人々はこの坂で滑って転ぶと、霊がどこまでもついて来て祟るので、かならず片方の袖をちぎってこの松の枝に結び、「これ以上悪いことがありませんように」と霊に祈った。だからこの松にはたくさんの袖が常にひらひらしていたという。

古い歴史をもつ土地柄の宮久保にあった袖かけ松の由来の一事から考えても、有間皇子はただ松の枝を結んだのではなく、松の枝に何か皇子が大切に身につけていたものを結んだのだと私は思う。

8 倭軍、唐、新羅連合軍に敗れる

「君が目の……かくや恋ひむも君が目を……」

——半島遠征に失敗、中大兄皇子近江に遷都——

中大兄皇子、北九州に出兵

当時、新羅は唐の力を借り、百済と高句麗を滅ぼして朝鮮半島を統一しようと考えていた。唐も新羅と協力してその勢力を半島全域に伸ばしたいと考えていた。二国の利害が一致すると、新羅は制度だけでなく、自分の国の年号まで同じにするほど唐に肩入れして半島統一を夢見た。

こうして唐の力を背景に百済を滅ぼそうと新羅がなだれ込んできたので、百済は急遽（きゅうきょ）日本に救援を求めた。中大兄皇子は、

「百済が滅べば百済を滅ぼした同じ力がそのまま日本に向かってくる。放っておいては日本も危ない」

と考え、朝鮮半島に遠征し百済を救援すると決めた。

戦とは活火山の爆発にも似て、ありあまったエネルギーの急激な消費である。勇壮で美的でロマンチックで野蛮で残酷で、人々を酔わさずにおかない。

船岡山にある額田王の歌碑

実際、だれであろうと人は平和を望みながら、そんな生活にはすぐ飽きるという矛盾した存在である。何の欠点もないまじめな男と女が暮らすことの息づまる思いというのは、爆発的な浪費が二人の間になく、生の実感から遠いために生まれるものである。私は戦争を肯定しているのではなく、戦争に変わるエネルギーのはけ口をスポーツよりもっと激しく人工的に作り出せないか、と考えているが、とにかく中大兄皇子のこの時代は長い間にたまったエネルギーを一度に消費する激動の時代であった。

斉明天皇七年（六六一年）正月六日、新羅遠征の軍船団は九州へ向かった。六十八歳の老女帝をはじめ、中大兄皇子らを乗せ、軍事行動が開始された。

天皇自身が畿内をはなれたのは仲哀天皇と神功皇后の伝承以外にはこの一事だけということからも、これが史上空前の非常事態だったことがわかる。

海を渡るこの大じかけの戦争に反対する人も多かったが、それを押し切って中大兄皇子をはじめ大海人皇子、大田皇女、間人皇后なども同行しての軍船団の船出である。

正月六日、難波の海に浮かんだ軍船は難所といわれている明石海峡を無事に渡り、吉備（岡山県）の大伯の海にさしかかった。ここで大海人皇子の后大田皇女が女子を産んだ。大伯皇女（大来とも書く）の誕生は船内の空気を明るくした。

一行は正月十四日、伊予の熟田津に到着し、神への祈りを捧げた。そのときの額田王の歌。


熟田津に船乗りせむと月待てば潮もかなひぬ今は漕ぎ出でな　（巻一―八）

〈熟田津で出発のため船に乗り、月を待っていると、月も出、潮も満ちて来た。さあ

漕ぎ出そう。〉

「今は漕ぎ出でな」という言葉には、単なる叙景歌の域を抜け出た強い響きがある。当時、夜間はふつう出航しないのにここでは夜の出航を思わせる。この歌は、長途の旅に出るときの歌でなく、神をまつる行事のための歌である。朝鮮への出航に先立って、夜、神事を行なうのは軍(いくさ)では夜襲が有利との長い間の体験と知識とが生んだものかも知れない。

作者の額田王は巫子(みこ)的な存在で、前途の吉事を招くためにこの歌を詠んだらしい。なるほどこの歌には戦いに向かう悲壮感はなく、覇気と力に満ちた心はずむものがある。この歌は朝廷が全力をあげて、まさに出発しようとする出陣の歌である、ととれる内容のものだ。近代なら出陣にともなって神前に祈り、士気を鼓舞するために奏される軍歌にあたろうか。

高らかに詠ずる額田王の出陣の歌を聞きながら、一文字に口を結び、まだ見ぬ朝鮮半島に想いを馳せるのは、船上の中大兄皇子であった。

斉明天皇死す

三月十五日、一行は九州の娜(な)の大津(博多港)に入港し、磐瀬行宮(いわせのかりみや)にひとまず落ち着いた。しかし贅沢好みの斉明天皇は行宮ではがまんがならず、一日も早く宮殿を完成させようとしたらしい。朝倉橘広庭宮の建築が急ピッチで進められたが、太い材木がどうしても足りない。当然非常時なのだから宮の規模も縮小しようという意見もあっただろうが、斉明天皇は、

「士気を鼓舞するためには、天皇が自ら九州へ下る必要がある、それには立派な宮殿を建てるから、といわれて来たのです。材木が足りないのなら朝倉の社の木を切って使えばいいでしょう。立派な宮殿を一日も早く完成させて多くの人々に天皇の力を思い知らせる必要があります」

と言う。

「朝倉の社の木は切ってはいけないと言い伝えられ、この地の人々は固くその言い伝えを守っているのですから、神社の木を切ることだけは……」

と、中大兄皇子は反対したかも知れない。

「皇太子がなんと言われようとも私は現神(うつつかみ)です。こんな田舎の小さな朝倉の社の神をおそれる必要はないのです。朝倉の神は、現神である天皇の命令に従うべきです。そうすれば人々はますます天皇の力に敬服し、勝つと信じて戦に臨みましょう」

と言ったかどうか、とにかく斉明天皇はゆずらない。結局、天皇の意志どおり朝倉の社の木が切られ、宮殿ができ上がってそこに移ったのが五月。各地から集められていた軍勢は総勢二万七千人にのぼった。

こうして朝倉宮はでき上がったものの、九州到着以来、四ヵ月目の七月、六十八歳という老齢の斉明天皇は旅の疲れと夏の暑さのためか朝倉宮で亡くなった。

このころ、とくに暑さが厳しかったのか、また伝染病が流行(はや)ったのか、大勢の人が死んだらしく、人々は、朝倉の社の木を切った祟りだ、と噂し合ったという。

斉明天皇が崩御すると、さしもの中大兄皇子もたまりかねて次のような歌を詠んでいる。

君が目の恋ひしきからに泊(は)ててゐてかくや恋ひむも君が目を欲り　(日本書紀)

〈あなたのやさしい眼差しが恋しくて、泊まっていてこのように恋い続けているのもあなたのまなざしがほしいからなのです。〉

「おかあさん。もう一度、その目をあけて私を見てください」

と中大兄皇子は斉明天皇に呼びかけている。敵とみれば仮借なく人を殺してきた中大兄皇子の非情さの影に、こうしたやわらな母を思う心があった。強いだけの男は獣でしかないし、がむしゃらな男には知性も情もない。母の死を悲しんで、母に呼びかける中大兄皇子の弱音を吐いているのが人間的だ。この歌には母、斉明天皇は祟りで死んだのではない、自然死だ、と毅然として祟り説を否定する中大兄皇子の姿勢が感じられなくもない。

白村江の戦いに大敗

斉明七年（六六一年）七月に天皇が亡くなったとき、中大兄皇子は四十一歳になっていたが、即位しないで戦闘の準備にあたり、多忙の日を送っていた。そして八月には将軍安曇比羅夫に百済の皇子豊璋を守らせて、百七十隻の船団を仕立て五千の軍兵とともに九州から新羅に送り出した。母の死に涙するひまもなかった。

すでに前年（六六〇年）には唐の将軍、蘇定方のひきいる水陸十三万の大軍が新羅軍と合流して百済を攻め、百済は滅びていたが、その残存勢力が中大兄皇子の救援軍を待ち望んでいた。

いよいよ朝鮮半島へ五千の軍兵が出征する日、中大兄皇子は次の歌を詠んだという。


朝倉や木丸殿に吾をれば名のりをしつつ征くは誰が子ぞ　（日本書紀）

〈朝倉にある木丸殿に私がいると、名のりをしながら半島へと出征して行く若者はいったいだれの子なのだろう。〉


朝鮮半島への出征は、死を前提としているのだが、若さは死をおそれない。

中大兄皇子は、はきはきと名乗る若者たちにうなずきながら、やがてはこの若者たちの死を悼むであろうその生みの母のことを思っていた。

母の斉明天皇を亡くしてまだ一ヵ月しかたたない中大兄皇子の心情としては、母と子と平和に暮らせる生活を続けさせてやりたい。しかし今は国家の大事である。個はつねに国家の前では抹殺される運命にある。「名のりをしつつゆくは誰か子ぞ」は説明するまでもなく中大兄皇子の絶唱である。

母から若者を奪いとり、その生命の提供を強要する中大兄皇子は自分の痛みを口にして人から同情してもらおうなぞとは考えない。為政者はあくまで非情に徹しなければならないのだ。

現代の多くの日本人は「平和、平和」と叫べば自分が立派な平和主義者で、平和がやってくると考えるほど情緒的で甘いが、中大兄皇子は覚めていた。

もともと、一人一人の人間に、人間らしい生活を保障するために国家があるのではなく、個人の生活と関係ないところで回転する国家が、その渦の中に個を巻き込んでいくものである。この回転する巨大な力をだれも制御することはできない、と中大兄皇子は感じていたかも知れない。

翌、天智称制二年（六六二年）三月には、将軍、上毛野稚子（かみつけぬのわかこ）の指揮のもとに全国から動員された二万七千の軍兵がつづいて百済救援に向かった。そしてこの年の八月二十七日、唐と新羅の連合水軍百七十艘が周留城の下、白村江（はくすきのえ）の河口に並び、日本水軍の出現を待った。かくして両軍は死力を尽くしたが日本軍船団は不利だった。

敗れて退いた日本水軍は陣を立て直し、翌二十八日、一斉攻撃に出た。ところが、唐・新羅の連合水軍は、予期していたかのように巧みに水流を利用し、日本水軍を包囲して攻め、日本水軍と百済水軍は大敗を喫した。

こうしてついに百済は滅び去った。四世紀以来三百年に及んだ日本の朝鮮半島経略はここにあとかたもなく消え、中大兄皇子の夢も消えて九月、軍を引き揚げた。

多くの反対を押し切っての大遠征だったため、その責任を追及される中大兄皇子の立場は、当然苦しいものになった。

防人（さきもり）の歌

中大兄皇子が、唐や新羅がその強大な勢力をかさにきて、百済や日本府を滅ぼすことは不当だと抗議し、当時の大国、唐と新羅の連合軍を相手どって戦ったことは無謀といえば無謀だったかも知れない。

大敗した中大兄皇子の外征の失敗を責める声が九州の都大路に満ちた。

外征のための貢租、労役、人馬の徴発、戦死者の続出のツケは人民の肩に重くのしかかった。朝鮮出兵のときよりも敗れたあとの戦後の処理の方が大変であった。

この時点でも、中大兄皇子はまだ皇太子のままで即位しなかったので天皇は空位のままであった。

このとき中大兄皇子と皇位を争える資格者は弟の大海人皇子以外になかった。孝徳天皇の一子、有間皇子はすでに亡く、異母兄、古人大兄皇子も殺されていた。そして残る蚊屋皇子は采女（うねめ）の子で、母の身分が低く皇位継承の資格者ではない。また聖徳太子の子、山背大兄皇子は蘇我入鹿にすでに殺されていたことも中大兄皇子に幸いした。

中大兄皇子は、ここでもまた天皇として即位して矢面に立つよりも、皇太子のままでこの難局を乗り切ることの方がいいと判断した。間人皇后とのいざこざも起こさないですむ。

中大兄皇子は娘の大田皇女や鸕野（うの）皇女を、弟の大海人皇子（おおあまのおうじ）に嫁がせていたことで弟と手を組み、この時期を見事に乗り切った。

九州西征のとき、大田皇女はまず大伯（おおく）の海（岡山県）で大伯皇女（おおくのひめみこ）を産み、翌年、大津（博多）で大津皇子を産んでいる。また大田皇女のすぐ下の妹、鸕野讃良皇女も大津で草壁皇子を産んでいた。大海人皇子も気をよくしこの難局を切り抜けようとする兄に全面的に協力した。

皇室系図

茅淳王
田村皇子（舒明）＝蘇我法提郎媛
古人大兄皇子―倭姫
宝皇女（皇極）
軽皇子（孝徳）
蘇我遠智娘
中大兄皇子（天智）
間人皇女
大海人皇子（天武）
大田皇女
鸕野讃良皇女
大伯皇女
大津皇子
草壁皇子

中大兄皇子は戦後処理で多忙をきわめていた。百済を滅ぼした唐・新羅の連合軍はその余勢をかって日本に攻めてくるかも知れない。このため天智称制三年（六六四年）に九州の沿岸を守る兵士を置き、蝦夷にそなえて、北方を守る人々と同じくこれを防人と呼んだ。以来防人は三百年にわたって置かれることになる。

この全国各地から集められた初期の防人の歌が万葉集に数多く集録されている。そのなかの五首。

わが母の袖持ち撫でてわがからに泣きし心を忘らえぬかも

〈山辺郡、物部平刃良〉（巻二十—四三五六）

〈（防人への旅立ちの時）母が私の袖を取り、撫でながら泣いた心を忘れることができない。〉

芦垣の隈処に立ちて吾妹子が袖もしほほに泣きしぞ思はゆ

〈上総国・市原郡、刑部直千国〉（巻二十—四三五七）

〈わが家の芦の垣のすみのところに立って妻が（別れを惜しんで）泣いた姿が思い出される。〉

父母が頭かき撫で幸くあれていひし言葉ぜ忘れかねつる

〈丈部稲麿〉（巻二十—四三四六）

〈父母が私の頭を撫でて、無事でいるようにと言った言葉を忘れかねることです。〉

わが妻も絵に描きとらむ暇もが旅行く吾は見つつしのばむ

〈遠江・物部古麿〉（巻二十―四三二七）

〈私の妻を絵に描きとるいとまがほしい。旅立つ私はそれを見てしのぼうと思うが。

〈絵に描く時間がまったくない……〉〉

み空ゆく雲も使と人はいへど家づと遣らむたづき知らずも

〈大伴宿禰家持〉（巻二十―四四一〇）

〈み空を流れて行く雲も使い、と人は言うけれど、家への言づてを頼みたいと思っても、どうしたらいいのかわからない。〉

間人皇后の死

白村江の戦いに敗れて二年半。天智称制四年（六六五年）二月、間人皇后が朝倉宮で亡くなり、遺骸は船で都へ送られた。このとき、中大兄皇子も間人皇后の遺骸とともに四年間をすごした九州をあとにして都に帰った。

永遠の恋人、間人皇后の死をいたみ、遺骸を守って傍らを離れなかったのでもあろうか。中大兄皇子は都へ帰ると間人皇后の冥福を祈るため三百三十人を出家させている。

間人皇后の病が重いために朝鮮出兵の後片付けが終わっても中大兄皇子は都へ帰れなかったのではないか。仕事のためなら重症の床にある愛人を置いてでも飛び出す男よりも仕事をなげうって、そのために地位を失ってでも愛人の傍らを離れぬ男の方が、はるかに男らしい、と女ならば考えるのではないだろうか。むろん時と場合によるが。

中大兄皇子にとって、朝鮮出兵は最愛の母と間人皇后の死をもたらした。が、二人の死を悼む余裕もなく中大兄皇子は帰路を急いだ。

大和地方には、いまだ旧勢力の豪族が多く、中大兄皇子の外征失敗を冷ややかに見ている。まずこれらの旧勢力の根を絶つには大和を離れ、新しい土地へ都を移すほかはない、と中大兄皇子と中臣鎌足は考えた。

都を移す大義名分は唐や新羅の連合軍が瀬戸内海を通り都に攻め寄せるかも知れない。都は国の心臓部、その心臓部を、攻撃されやすいいまの都からもっと港から遠い奥地に移す必要がある、という防衛上から説明された。

都を移す準備は着実にすすめられ、やがて遷都の詔が出た。遷都に反対する人々は実力行使に出、毎日のように都は各所に放火されて人々は不安におののいた。

そんななかで、斉明天皇と間人皇后の二年間の殯(もがり)を終えたのは天智称制六年(六六七年)二月のことである。中大兄皇子は二人を小市岡上陵に合葬した。

当時、本葬するときがその魂が現世に別れを告げるときと思われていたらしい。斉明天皇の本葬が、亡くなってから五年もあとだったのは、遠征の失敗や唐・新羅の反撃に対する備えでいそがしかったためというよりは、中大兄皇子は半島出兵の後始末がすべて終わるまで、母、斉明天皇の霊魂にこの世にとどまって、自分に力を貸してほしかったからだと思われる。大化の改新以前から中大兄皇子の政(まつりごと)の第一の協力者は善かれ悪しかれこの母だった。

この冷酷非情とも見える政治家中大兄皇子がのぞかせる母や妹への甘えが二人の女性にとってどれほど好ましいものだったか。そっと中大兄皇子の手をとって乳房に触れさせ、微笑んでこの仕事に疲れた男の心をゆったりと安心させてやるほどの安らぎを与えていたのではないだろうか。

二人の女性の葬儀は中大兄皇子の一生の中でも大きな区切りだった。二月に本葬を終えると中大兄皇子は待ちかねたように三月十九日には早くも都を近江の大津に移している。

なお、間人皇后の亡くなった天智称制四年（六六五年）には大海人皇子の妻となっていた中大兄皇子の長女、大田皇女も亡くなっている。中大兄皇子にとっては公私ともに多難な年であった。

9
天賦の歌人・額田王

「人妻ゆゑにわれ恋ひめやも……」
――額田王をめぐる天智天皇と大海人皇子――

近江へ遷都

近江に都が移るとき、額田王は次の歌を詠んでいる。

味酒　三輪の山　あをによし　奈良の山の　山の際に　い隠るまで　道の隈　い積るまでに　つばらにも　見つつ行かむを　しばしばも　見放けむ山を　情なく　雲の隠さふべしや　（巻一―一七）

〈三輪山よ、奈良山の山の間にかくれてしまうまで、道の曲がり角ごとによく見て行こう。何度も眺めておこう……と思っている山を、無情にも雲がかくしてよいものだろうか。〉

住みなれた都から遠く離れて行く途上で額田王は多くの人々とともに何度も奈良の山をふり返る。その山の姿を心にしっかりと刻みつけようとして……。しかし無情にも三輪山を雲がかくそうとする。額田王は雲に向かって、「雲よ、お前が山をかくしてよいものか」と、悲しみとも怒りともつかぬ思いをぶつけている。

反歌

三輪山をしかも隠すか雲だにも情(こころ)あらなも隠さふべしや　（巻一―一八）

〈三輪山をそのように隠すのか。せめて雲だけでも情があってほしい。三輪山を隠して良いのだろうか。〉

なつかしい三輪山をふり返り、「せめて雲よ。情をもって山をかくさないでほしい」と呼びかける。心情のあふれたスケールの大きくさわやかな別れの歌である。

内に秘められた別離の情と人間的な嘆きが読む者にじかに伝わってくる。

三輪山は神奈備山（国魂の神を祀った丘陵）で、奈良県磯城郡の大三輪神社が祀られていて、山そのものが御神体である。祭神は大物主命で蛇体だとされ、水の神だから、雲を呼び雨を降らす神である。故に山をかくす雲の動きは、この神の怒りによると人々は考えた。だからこそ額田王の「雲だにも心あらなもかくさうべしや」とは三輪の神への呼びかけである。

「三輪の神よ、都を遷すことを祝ぎ、決して怒ったりしてはなりません」

と神へ呼びかけている。「隠さふべしや」という言葉には、高貴な人の犯しがたい毅然とした響きがある。

王者に代わり、神に対等に呼びかけるこの歌は、額田王が中大兄皇子に代わって神に向けて詠んだものである。額田王が巫子だといわれるわけである。この歌では少なくとも王者・中大兄皇子と三輪山の神とが対等になっている。

三輪の神が、都を移すことに反対して三輪山を雲で隠そうとも、中大兄皇子は熟考した末に都を移すのだから決行するほかない。だから中大兄皇子の決めた遷都には神といえども反対すべきでない、と額田王は歌っている。「隠さふべしや」は神に隠さないでくださいと嘆願したり願ったりしているのではなく、隠すべきではない、と命じている。

水の神である三輪の神が遷都に反対して雲になり山の姿を見えなくしていると人人は考えている。気象現象を神の意志とみている。しかしその神に向かって現神である天皇の代詠で額田王が三輪の神に「雲になって山を隠すべきでない」と呼びかけている。これは神々に支配されていた古代信仰からの脱皮である。

この歌は、「今、三輪山の姿を見なければ、ふるさとを離れて近江へ向かう私たちが、いつまた三輪の山を見ることができるのかわからないのです。だから、なつかしい三輪山の姿をまぶたの奥に刻みつけるためにもどうか雲よ、山を隠さないでほしい」と歌って、幼い日から仰ぎ見た山と別れる思いを詠んだ歌であるとされてきたが、それ以上に、神といえども、中大兄皇子の決定には従うべきだと呼びかけている歌である。

額田王は中大兄皇子の正式の后になっていないので、二人の婚姻を疑う向きもあるけれど、白村江への出発の際の歌や、この歌から額田王が天皇の分身として神に歌を捧げる役目をしていたことがわかる。このことから額田王と中大兄皇子の関係もわかる。額田王は皇后や夫人たちとは違う立場で中大兄皇子と深い関係をもっていたのかも知れない。

天智天皇の即位

間人皇后の二年間にわたる殯（もがり）を終えて、母の斉明天皇といっしょに葬り、その喪の明けたのは天智称制六年（六六七年）だった。その翌年の正月、中大兄皇子は二十四年間もの皇太子に終止符を打ち、即位した。天智天皇である。

中大兄皇子が間人皇后との恋を、皇位継承に優先させていると知っていた間人皇后は、女性として満足した生涯を送ったに違いない。

夫、孝徳天皇を捨て、不倫の恋に生きて、世の誹謗に包まれようとも女としては間人皇后ほど幸せな人はない。女の最大の幸せは立派な女性だと人から賞讃されることでなく、男性に愛されつくすところにある。

間人皇后の二年の殯を終えて、はじめて中大兄皇子は皇后を立てた。古人大兄皇子の皇女でしとやかで目立たない倭姫王（やまとひめのおおきみ）である。

舒明──古人大兄皇子─┐
　　　　　　　　　　├─倭姫王
馬子──法提娘媛（ほてのいらつめ）─┘

　倭姫王は、中大兄皇子に父を殺され、そのために母も自殺して両親を失った薄幸の女性だった。そして今、両親を殺した仇ともいえる中大兄皇子の皇后となった。これもたぶん、中臣鎌足あたりが、中大兄皇子が倭姫王の父を殺したのは、政治のためにはやむを得ずそうなったので、決して皇子の本心ではなかった、と得意の熱弁を振るって倭姫王に皇后となることを承知させたのではないだろうか。

　ところで、中大兄皇子が天智天皇として即位した祝宴の席で、大海人皇子が腹を立てて長槍を敷板に突き刺した、という記録がある。

　大海人皇子は、そのころ遊興に明け暮れていた中大兄皇子をいさめたらしい。

　大化の改新以後、半島遠征、遷都と言語に絶する緊張を強いられた反動からか中大兄皇子は、連日のように宴を催した。

「天皇、天命（いのち）おわりなんとするか」

と、狂ったように遊ぶのは天皇が死に近いからではないかと噂されるほど、その宴席は多かった。

この即位の祝賀での争いは、若い大海人皇子に愛されて十市皇女まで生んでいた額田王を天智天皇が召し上げて自分のそばに侍らせていたので、大海人皇子が腹を立てた、といわれている。男の嫉妬だというのだ。しかし大海人皇子がそんなことで槍を板敷に突き刺したりはしない、と私は思う。

三十歳も後半を過ぎた額田王がどんなにみずみずしい女性だったとしても、大海人皇子は、はじめから承知して額田王を中大兄皇子に献上している。額田王が天智天皇の近くに侍っているというだけで怒りはしないだろう。

それはたぶん大海人皇子は倭姫王が皇后として並んでいる祝いの席で天智天皇が嬪や宮人たちに目に余るほどの悪ふざけをしていることに内心腹を立てていた矢先、こともあろうに額田王にたわむれた。額田王は神へ歌を捧げる巫子として召されたので嬪と呼ばれる妻ではない。その額田王に、皇后となった倭姫王の面前でたわむれたことに激怒したと考えてみるのはどうだろうか。とすれば為政者は臣下の前で自ら法を破ってはいけない、という考え方を大海人皇子はもっていたのではないだろうか。

「これから天皇として政にたずさわる人が、今からこの有様では先が思いやられる」

ぐらいのことは言ったかも知れない。天智天皇も顔色を変えて立ち上がりどなり返し、大海子皇子を殺しかねない剣幕だった。このとき、天智天皇をいさめたのはもちろん中臣鎌足だった。

「天皇、酔っていられるとはいえ、少々遊興の度が過ぎましょう」

と。大海人皇子に向かっては、

「槍をおさめなさいませ。天皇に向かって槍を立て、居丈高なもの言いをするなど、たとえ弟君といえども慎まなければならないことです」

などと言ってとりなしたのではないか。

平安時代の、どこかなよなよと女性化してしまった皇族とは違い、当時は天皇をはじめとして、だれも彼もが槍や刀を持って宴席を催していたらしい。長槍を突き刺す大海人皇子といい、激怒する天智天皇といい、いかにも勇壮で荒々しくたのもしい。

実際、怒るときには全身で怒り、笑うときには腹の底から笑える男はいいものだ。その上で、「腹からの笑いといえど悲しみの底にあるべし……」と歌った詩人のように人の世の悲しみをしっかりと知っている男はさらにいい。宮廷の官人たちの前で真剣に兄弟げんかをする、そんな二人の姿がいい。

天智天皇陵（京都府山科）

人妻ゆえの恋

天智天皇即位の年、五月五日に天皇は多くの官人を従えて滋賀県の蒲生野へ薬草を採りに行った。薬猟といって宮廷行事の一つであったが、もうそのころは本来の目的から離れて一日の行楽行事であった。

夏草の茂るあちこちを宮人は解放感にひたりながら散策し、さんざめく。そのときの額田王の歌、

あかねさす紫野（むらさきの）行き標野（しめの）行き野守（のもり）は見ずや君が袖振る　（巻一―二〇）

〈紫草の生えている御料地の野をあちらに行き、こちらに行きしているとき、野守が見ないでしょうか。あなたがそんなに袖をお振りになるのを。〉

額田王は大海人皇子に向かって母か姉のように微笑(ほほえ)みながら、
「そんなに袖をおふりになってはいけません。野守に見られ、天皇に告げられてはあぶのうございます」
とたしなめる。

大海人皇子は天智天皇の即位とともに皇太子となっていた。その皇太子であり、かつての自分の夫である大海人皇子に額田王が贈った歌のこのやわらかな表現は、額田王の切ない胸のうちを伝えている。
「君が袖振る」は動的なくり返しのたくみな表現だし、「野守は見ずや」には心のおののきが見られ、愛している女性の限りないやさしさがにじんでいる。色彩も美しい。

当時は諸臣の服装の色もその位により決められ、冠の色も形も違っていた。頭の「うず」には位階により金や豹の尾、鳥の尾などの区別があって華々しく着飾っていた。鮮麗な紫色は高い身分の王族の色である。その紫草の生える野を行くはなやぎの中で額田王の歌は男女の愛の濃密な情のほてりさえ伝える。

風薫るどこまでも明るい蒲生野で、人目もかまわず手を振る三十七、八歳の男盛りの大胆な大海人皇子に、

「そんなに合図なさっては危険です。仕方のない皇子……」

といいたずらっぽく微笑む額田王。

額田王は大海人皇子を愛している。愛していても、その愛には消すことのできないかげりがあった。かつて中臣鎌足の案で、額田王を中大兄皇子に入内させ、中大兄皇子の娘、大田皇女と鸕野讃良媛の二人を大海人皇子に嫁がせると決めたとき、もし大海人皇子が本当に額田王を愛しているのだったら、否と言えたはずだ、と女性ならば思うはずだ。

ほかのことならとにかく、額田王だけは手離さない、と言ってくれたとき、女は男の愛を信じられる。国を挙げて新羅と戦おうが敗れようが、女の愛にはかかわりのないこと。ましてや中大兄皇子と大海人皇子ががっちりと手を組むために妻と娘との交換が必要だったとしても、そんなことを額田王がうなずけるはずがない。しかし国の非常時にあたり、宮廷に巫子の存在の必要を説かれ、自分一人の幸せ以前に国家がある、と説得された。そのとき、自分の気持ちを殺すしかなかった額田王ではあったが、大海人皇子に本当に愛され

ていなかったため、政略の具としてあっさりと中大兄皇子に渡される程度の愛でしかなかったと侘びしさとも悔しさともつかない思いが額田王にあったのではないかと考えると、この歌は、

「どうかいつまでも傍においてください、国が非常時だろうとどうであろうと私は巫子として生きることよりあなたのそばでただの女として生きたいのです、とあれほど願ったのに、中大兄皇子に私を渡された貴方が今さら手を振ってみせるなど、あんまりではありませんか」

と言っているようにもとれる。額田王は大海人皇子を今も愛している。愛しているだけにこの歌は愛の悲しみの歌である。そこに私は額田王の屈折した思いを見る。

こんな額田王の思いにかかわりなく皇太子（ひつぎのみこ）大海人皇子はのびやかな返歌を額田王に贈っている。

紫草（むらさき）のにほへる妹（いも）を憎（にく）くあらば人妻ゆゑにわれ恋ひめやも　（巻一―二十一）

〈紫草の匂うように美しいあなたが憎いのなら、人妻のあなたに恋などしないのですが。〉

「美しいあなたが人妻になっている今も、私はいとしくてならないのです」

と豪放に答える大海人皇子。まだうら若かった二人が十市皇女を産んだあのころの輝かしい愛と幸せに満ちた日々の思いがいまも二人の胸に秘められていた。そのころのことを思い出して二人はほのぼのと思いを通わせていた。久しぶりに逢った二人は、半分はたわむれと見せながら、心の奥底の思いを確かめ合っている。

この蒲生野の歌は儀式のしめくくりとして開かれた宴での座興の歌だ、という説がある。仮にそうであっても、大勢の前で詠む晴れの歌に真情が籠らないと決めてかかる必要はない。どこで詠まれようと、二人の唱和の歌は甘美に満ちあふれている。

ところで、この歌から大海人皇子がすでに政(まつりごと)を自分ならどのようにするか、という構想をもっていたのでは、ととるのは詠み過ぎだろうか。

「人妻ゆゑにわれ恋ひめやも」の人妻は天智天皇の妻である。しかし正式の妻ではない。天皇の代理として詠み、神に天皇の意を伝える巫子としての存在である。

人妻ゆえ恋しいというのは、天皇に愛されている人だからかえって恋しい、などという屈折した思いを詠んでいるのではなく、天皇の意を伝える巫子としての額田王が恋しい、ととることができる。

自分も男子として一日も早く天皇の位につき、思うままによい政をしてみたい……との真情の吐露だと考えられないこともない。皇太子の身分では政権は天皇の手中にある。大海人皇子も政治家として手腕をふるいたい。

「私の意志を神に伝える巫子として私もあなたが欲しい。あなたはすぐれた代詠女だから」

というのが歌の真意で、表面的には「今も好きだよ」と冗談ともとれる詠み方をしている、その歌の真意がほかの者にはわからなくても、額田王にはわかっていたと思ってみるのも面白い。

それにしても公然と愛の思いを投げかける大海人皇子のいかにも骨っぽい男ぶり、さすがに天智天皇と対等に組む弟だけのことはある。

案外にこの歌、仮に「好きだよ」という表面だけの意味にとったとしても大海人皇子の、天智天皇に対する挑発とも詠める。公地公民制一つとっても多くの批判がある。半島遠征の失敗を責める声もある。自分が天皇なら、とまでいわないまでもこの歌は、かつて男女の契りを結んだ額田王よりも天智天皇を意識して詠んだ歌だと私には思われる。

この大海人皇子の歌の真意を詠みとった人がもう一人いた、と考える。もちろん、天智天皇その人である。

この歌が万葉集に残されているということは、公然と発表されたということでもあるから、二人が蒲生野でひそかにやりとりをかわした恋の歌であったとしてもそれは人に知られた歌である。

宴席での座興ならなおさらのことである。自分の意志を代詠する特殊な女性として、肉体関係までもつ額田王に対して、弟に「人妻ゆゑにわれ恋ひめやも」と歌われてはおだやかではない。しかし頭の切れる天智天皇のこと、大海人皇子の真意をすぐに理解した。

これより先、天智四年（六六五年）に唐使・劉徳高が来て、天智天皇の子大友皇子をほめちぎっている。大友皇子は才能もあり人望もあったので、天智天皇は天皇の位を唐制にならい弟よりもわが子に与えたいと密かに考えるようになっていた。

それを知っていた大海人皇子の怒りが、この年（六六八年）の正月の宴で爆発した長槍の一件ではないかと思われる。兄弟が言い争ったこの年、唐はついに高句麗を滅ぼしたものの日本に攻め寄せる気配は見せなかった。

大きな外憂が一つ消えたことに天智天皇は安堵した。外憂の消えた今なら、大海人皇子でなくても大友皇子で十分やっていかれるのではないか、と天智天皇は考えはじめた。

それに対して大海人皇子は、自分こそ天皇になって立派な政をしたい、と意思表示をした、それが「人妻ゆゑにわれ恋ひめやも」の歌である、と天智天皇は理解した。

その証拠に、この歌を大海人皇子が歌ったのが六六八年で、この歌の意を知った天智天皇はわが子大友皇子こそ後継者と決めたらしいが、それを阻止していたのが中臣鎌足である。鎌足はなんとしても天智天皇と大海人皇子を戦わせてはならない、と考えていた。

中臣鎌足が死んだのは六六九年、大友皇子を太政大臣に任命し、皇太子大海人皇子を政治の世界から浮き上がらせようと決めたのが翌六七〇年、人事発表は六七一年正月二日であった。

こういった流れからみても「人妻ゆゑ……」の歌は天智天皇に大友皇子に皇位をゆずる決意をうながす転機を与えたものとみられる。

天智天皇の気持ちが大友皇子に傾いていることを百も承知のうえで、「もし自分が天皇になったら、額田王を代詠者としてよい政治をしたい」と大胆にも歌ってみせた、その大海人皇子を排斥したいと思ったところで、そう軽はずみに排斥できない人望と実績が大海人皇子にはあった。

10　近江宮廷の光と影

「皆人の得がてにすとふ安見児得たり……」

――額田王と鏡王女にみる古代女性の愛と悲しみ――

鏡王女と額田王

鏡王女は額田王の実の姉にあたる。鏡づくりをしていたらしい近江の蒲生郡の豪族、鏡家の娘である。この鏡王女とまだ皇子であったころの中大兄皇子とが互いに愛しあっていたころの贈答歌がある。まず、中大兄皇子が鏡王女に贈った歌。

妹が家も継ぎて見ましを大和なる大島の嶺に家もあらましを　（巻二―九一）

〈あなたの家をいつでも見ることができるだろうに、もし大和の大島の嶺に家があったなら。〉

「鏡王女よ、あなたの住んでいる大島を見つづけられる嶺に家があるのなら、いつでも見るのだけれど、あいにくそんな場所に家がなくて、いつも見ているというわけにはいかなくて……」

という軽（かろ）やかな明るい愛の歌である。愛も軽やかで、好意よりやや深い男女の情という程度。男が真剣になった愛ではない。この種の愛に生きる男は、女を見続けることなく、時に思い出したように声をかけるだけだ。この中大兄皇子の歌に対して鏡王女はその深い思いを次のように詠んでいる。

秋山の樹（こ）の下隠（かく）り逝（ゆ）く水のわれこそ益（ま）さめ御思（みおもひ）よりは　（巻二―九二）

〈秋の山の樹の下を隠れて流れる水の量が増えるように、私の方こそ、あなたの思いよりもっと深いことです。〉

「私の方がずっと愛してますわ」と中大兄皇子の歌に素直にうなずきながら自分の愛の強さを訴え、ひたすらに愛を捧げている。とはいっても、色づいた秋山の樹の下を流れる清らかな水の音に自分の思いを重ねてみせる手練は見事で心にくいほどすぐれた歌だ。

この女らしい心の動きを鏡王女が歌に詠んだ頃は、まだ中大兄皇子の心に鏡王女への思いが息づいていた。だから木の下を流れるくぐもった水の音はつきることのない愛の喜びの音でもあった。

しかし、妹の額田王が大海人皇子のもとから中大兄皇子のもとに天皇の意志を神に伝え媒介する巫子として召された頃には、すでに中大兄皇子の心は鏡王女からはなれていたらしい。二人の姉妹に次の歌がある。まず額田王の歌から。

君待つとわが恋ひをればわが屋戸のすだれ動かし秋の風吹く　（巻四―四八八）

〈わが君をお待ちして恋しく思っていると家のすだれを動かして秋の風が吹いてきたことです。〉

風は人の訪れを告げるもの。秋の風が吹いて来たということの中に、「もうすぐ皇子がお越しになる……」という思いが隠されている。とはいえ、待つ人は来ないで風だけが吹いて来たという歌いぶりが妙に哀観的で静かだ。すだれの内側でじっと皇子の訪れを待っているようでいながら、額田王の心の内は来ても来なくてもいい、と覚めたものがある。すだれを動かす秋風にことよせて思いを読む着想は見事だけれども。

「来られるなら来られるでいい。来られないのなら来られないでいい。でもいらっしゃるのでしょう。訪れを告げるように秋の風が吹いて来ましたもの……」

とつぶやく額田王はめったなことで自分の心の奥底を明かさない女性のようだ。

それにしても、この歌のもつ知と情の微妙に織りなすかげりの妖しいまでの美しさはどうであろう。人を寄せつけない静けさは額田王を神秘のベールにおおわれた謎の女性のように魅惑的にしている。

もし額田王が自分の意志で中大兄皇子に心を移していたのなら、もっと激しく燃えたであろうけれど、政(まつりごと)に必要なためにだけ召された女の、あきらめ、とりすました姿がここにはある。

悲しみも、痛みも、怒りも、恐れもすべて捨て去って、男に期待せず、憎まず、恨まず、成り行きのまま巫子として神の意を伝える役目、そして形式的な男の愛撫に身をまかす覚めた女、額田王……。

この歌は、心の深みではとてつもなく、ものを思っているのに、表面では何も考えず、ただ風の音に耳をやっている孤独な女の妖しい陰影を感じさせる。

この額田王の歌に対して、同じく中大兄皇子を夫とする姉の鏡王女は、

風をだに恋ふるは羨(とも)し風をだに来むとし待たば何か嘆かむ　（巻四―四八九）

〈風だけでも恋うというのはうらやましいことです。せめて風だけでも訪れるかも知れないと待てるのだったら何も嘆くことはないのですけれど……。〉

「妹よ、あなたは風が訪れたというけれど、私のところには、中大兄皇子どころか、風さえ吹いて来ないのですよ。もうあきらめきっていますけど……」

と哀切な切迫感を歌う。中大兄皇子に対する思いは額田王より鏡王女の方が深い。この

時点では鏡王女の方が純粋に人を恋い苦しんでいるけれども女としては額田王より幸せである。

「風をだに恋ふるは羨し風をだに来むとし待たば何か嘆かむ」の歌には、中大兄皇子の声さえ聞こえなくなった切なさがにじみ出ている。一途に愛した激しく勝ち気な女だけにその切なさはひとしおである。ただ鏡王女にはそんな自分を客観視できる覚めた目はない。恋の最中にいる苦しさがそのままで深い幸せだ、などと考える余裕はなく、ただ切ながっている。

額田王は大海人皇子への愛が消えないうちに中大兄皇子に夫の大海人皇子から引き裂かれた心の傷をひっそりと沈め、静かだ。中大兄皇子にゆずられた、という痛みはあっても、そうするほかなかった大海人皇子の立場をよく理解し、女の愛を母の愛に昇華(しょうか)し得て静かだ。それでいながら自分をゆずった男への拒絶も深いところでもっている。絶対の孤独ともいえる状態に身を置いている。もう恋の炎に身を焼くこともない。恋からは遠く離れて眺めているだけの恋のアウトサイダー……。

額田王をいま支えているものは天智天皇の代詠者（何者の追随も許さない）の誇りだけであった。

鎌足に下賜された鏡王女

中大兄皇子に柔らかな姿態を見せる鏡王女は、本心をなかなか見せず、どこかにかげりを感じさせる額田王とは大きく違っていた。

鏡王女が懐妊したとき、鏡王女の子に皇位継承権を与えてはいやだ、と反対したのはどうも倭姫王らしい。

倭姫王の父、古人大兄皇子殺害にはこの鏡王家が一役買っていて、倭姫王の恨みを買っていたのか、あるいは皇后候補の競争相手としての反目だったのかわからないが、懐妊した鏡王女は中臣鎌足に下賜された。そのときの条件は、もし生まれた子が男子なら鎌足の子として育て、女子ならば中大兄皇子の子として認知する、という約束だったという。

鏡王女にすれば天皇の妻になれずに鎌足に下賜されたことはどんなに悔しかったことであろう。

鎌足の求婚に応（こた）えた鏡王女の歌は手きびしい。

たまくしげ帰るを安み明けて行かば君が名はあれどわが名し惜しも　（巻二—九三）

〈（帰り途が楽だからというので）夜が明けて帰ったら、あなたの名は立ってもそこなわれずにすみますが、私の名の立つのが惜しく思われます。〉

「少なくとも、私は中大兄皇子に愛された女です。それを中臣鎌足に抱かれたと噂されるのは心外です。あなたは私を抱いたと噂されてもいいでしょうが、私は残念でなりません」

と、言いにくいことをずばり言っている。

これに対し中臣鎌足もさるもの、「いやあ、どうも、あなたを抱きたくて……」と答えている。

玉くしげみむろの山のさなかづらさ寝ずはつひにありかつましじ　（巻二—九四）

〈（三室の山のさなかづら、そのさなかづらという言葉のように）あなたといっしょに寝なく

ては、とてもがまんできないことでしょう。〉

言ってみれば「ぐずぐず言わないで寝るのが一番」と言っている。激動の時代を生きぬいた鎌足の自由放胆さを知るのに十分な歌だ。

この鎌足のおおっぴらな愛し方に、結局は鏡王女はほだされていったのかも知れない。歌からうかがえる鎌足という人は、いっしょにいても楽しい人だったようである。こんな歌もある。

われはもや安見児得たり皆人の得がてにすとふ安見児得たり　（巻二―九五）

〈私は、ああ、うれしいことに安見児を自分のものにした。皆の人がだれでも得がたいと言っている安見児を自分のものにした。〉

安見児とは采女の名前のことで、采女とは天皇の食事の世話をする教養ある女官のことである。采女を犯すことのできるのは天皇だけで、一般の臣下が犯すことは固く禁じられていた。その采女を中大兄皇子の許可をもらって抱くことができた、と相好をくずし、手放しで鎌足は喜んでいる。こんな飾り気のない無邪気さが、あの大化の改新を計画し実行した同一人物だとはちょっと信じられない。

この雅気が人々に安心感を与え、鎌足を恐ろしい人物とは感じさせない。そしてまた、事にあたっては緻密で、豪放で、どこか無邪気な素朴さをみせる人柄のために中大兄皇子も生涯にわたって深く信頼したのであろう。中大兄皇子と鎌足は、「どうだった、あの女は」と話せるほどの仲だったらしい。だから鎌足と鏡王女の子でのちに権力者となった藤原不比等が、

「実は私は天智天皇と、母、鏡王女との間に生まれたのです。しかし、もし生まれた子が男なら、鎌足の子として育てると約束して懐妊していた母を下賜されていたので、私は鎌足の子として育てられたのです」

と語っても、人々は半信半疑ながらも、頭から否定しなかった。

ただし万葉の歌からでは、鏡王女が鎌足に下賜されたとき、すでに懐妊していたかどうかはわからない。もし懐妊していたとしても、ごく初期だったであろう。しかし、藤原不比等は鎌足の子だと思われる。ただ藤原家を他から引き立たせるために鏡王女の産んだ子

が天智天皇の子だと思わせる神話をつくり出すため、できるだけ早い出産を願って、策士家の鎌足が夜ごとに精根尽きるまで努力したのであろうと想像することもできるし、伝承どおりに天智天皇の子であるともとれる。事実はどちらかわからないが、不比等が天智天皇の子だといわれていたことだけは確かである。

ところで玉くしげの笥は小箱、櫛笥(くしげ)は櫛を入れる小箱のことで、蓋があり、身と合うことから「合う」、身をおおうことから「おおう」の枕詞になっている。

玉はもとは魂。櫛は「奇し」で神秘のこと。現在でも神前にそなえる玉串は、魂奇しから来たといわれている。

「玉くしげみむろの山のさなかづら」は「さ寝ずは」を引き出すための序で、みむろ山は神籬(かもろぎ)のある神域で神奈備の山のこと。

鎌足の歌は、このように長い序を使って楽しんでいる。事にあたっては権謀術策の人物だが、歌作りでも女との交流でも徹底的に楽しんでいる。何事にも中途半端ではなく一所懸命である。いかにも、生きている、という感じを与える魅力的な人物だったようである。

皇后倭姫王

天智称制七年（六六八年）正月、中大兄皇子は近江の大津宮で即位した。皇后は異母兄古人大兄皇子の娘、倭姫王である。

天智天皇を祀る近江神宮

当時は皇族でなければ皇后になれなかったので皇后候補者はわずかに二人、倭姫王と額田王の姉、鏡王女だったという説がある。私にはこのあたりの事情はよくわからないが、そうかも知れない、と思うだけである。

中大兄皇子は、はじめから倭姫王を皇后と決めていたらしい。古人大兄皇子を殺しはしたものの、その祟りを恐れる気持ちと、罪のない人を殺したという罪悪感から、残された一族に責任はとらねば、と密かに心に誓っていたうえに、亡き最愛の人、間人皇后が倭姫王こそ皇后にふさわしい、と言い残したのかも知れないし、美しく成長した倭姫王にご執心だったのかも知れない。そしてまた、天皇になれずに死んだ古人大兄皇子の霊を慰めるにはその子倭姫王を皇后にすることがいちばんよい、と自他ともに内々に決めていた可能性もある。

前述したとおり、鏡王女を中臣鎌足に下賜したとき、懐妊している子が男子なら鎌足の子として育てる、と約束したということは鏡王女の産んだ男子には皇位継承権を認めない、ということである。

倭姫王を皇后に立てる話がすすめられたとき、父を殺した中大兄皇子に嫁ぐくらいなら死にます、と倭姫王は叫んだかも知れない。そこをなだめになだめたのが中臣鎌足だろう。知に訴え情に訴えたことであろう。これに心動いた倭姫王の出した条件は、鏡王女が男子を産んだ場合、中大兄皇子の子として認めないこと、大友皇子を皇太子とすること、の二つであったらしい。前者はすでに述べたとおり、鎌足の書いた筋書きである。後者からは、倭姫王は大海人皇子に心ひかれ、嫁ぐなら大海人皇子にと思っていたのに、鎌足から大海人皇子は倭姫王のようなタイプの女は嫌っていると聞かされて諦めた、と仮定してみるのも面白い。女は自分が愛しても応えぬ男に、時には思いきったしっぺ返しをすることがある。

大友皇子は中大兄皇子の子である。皇太子は大海人皇子なのだ。当時、弟の皇位継承は当然のことだったから大海人皇子を立てなければ宮廷人のすべては心服しない、時期を待て、かならず希望をかなえてやる、と倭姫王を説き伏せ、鏡王女をもらい受けたのが中臣鎌足かも知れない。前述のとおりそのとき鏡王女は懐妊していなかったけれども、懐妊している鏡王女を鎌足に下賜してでも倭姫王を皇后にと望んでいる、と女心をほだしたとも考えられる。もちろん懐妊していたかも知れないのだが。

こうして鎌足のもとでめでたく鏡王女の産んだ男子は、並ぶもののない尊い人という大そうな意味をもった不比等と呼ばれることになる。

この鏡王女の処遇への申しわけなさから、倭姫王は、その妹、額田王を寵愛したらしい。姉である鏡王女を中大兄皇子のもとから追い、皇族から追った罪ほろぼしとして妹の額田王を優遇するといった代償行為を人はよくとるものである。倭姫王も策士の鎌足に手玉にとられていた。

ところで古来、歌は神に捧げたり死者を弔ったり、恋の思いを伝えるものだったが、天智天皇のころになると、文学として独立するきざしを見せはじめた。そしてその多くは儀式や宴会で詠まれている。

天智天皇の即位後は、唐の日本への進攻はないとわかった上に、天皇に敵対できる豪族もすでになかった。そのうえ、焼土（石炭）や燃水（石油）が入り、畜糞による肥料栽培が行なわれはじめ、農業生産もとみに上がり、人々の生活は豊かになっていた。

天智天皇と鎌足の二人は、もはや内外になんの憂いもなかったから、当然のこととして琵琶湖の水上遊覧をくり返し、華やかな宴を催していたらしい。

そのようなある日、宴会の席上で天智天皇が中臣鎌足に、「春山の花の艶と、秋山の彩（いろど）りと、どちらをとるか」と聞いた。二人は内心ではそれぞれの思いで春と言い、秋と言ったのだろうけれど、天智天皇に代わって額田王が歌で判定をくだしている。

冬ごもり　春さりくれば　鳴かざりし　鳥も　来鳴きぬ　咲かざりし　花も咲けど
も山を茂み　入りても取らず　草深み　取りても見ず　秋山の　木の葉を見ては
黄葉（もみじ）をば　取りてぞしのぶ　青きをば　置きてぞ歎く　そこし　恨めし　秋山　わ
れは　（巻一―一六）

〈春がやってくると、鳴かなかった鳥も来て鳴くようになる。咲かなかった花も咲くけれど、山の木々が茂っていて、入って手にとることができない。秋の山の木の葉を見るときは、もみじしたのを手にとって賞美し、青いのはそのまま置いて嘆息する。そこが恨めしいけれど、私は秋の山がすぐれていると思う。〉

やや理に走っているとはいえ、座興の席で天皇の意を汲んでの判定の歌としては見事で機知に富み、人々をあっと驚かせ、楽しませる額田王の面目は躍如としている。

女としては薄幸としかいえぬ額田王が、機知に富む歌、ナイーブな歌、張りのある歌など、すぐれた歌を詠むことに生き甲斐を見いだし、歌を芸術的領域に高めることで相手が天皇といえども自分も対等の人間としての立場に徹している。

こうした額田王こそ紫式部、清少納言から与謝野晶子、現代では野上弥生子などに脈々と受け継がれていった女流文学者の先駆者であったということができよう。

額田王の「愛」と「孤独」を倭姫王は深く理解していたらしい。倭姫王も人の世の悲しみと運命の冷酷さをよく知っていた。

11 天智天皇の后と御子

「昼はも　日のことごと　哭(ね)のみを……」

――天智天皇崩御、もはや額田王歌わず――

才子大友皇子

大友皇子は伊賀国 造(いがのくにのみやつこ)の娘宅子の産んだ中大兄皇子の皇子で、中大兄皇子が即位したときすでに二十一歳の聡明な若者だった。

倭姫王は大海人皇子でなく、この大友皇子こそ、皇太子にと望んだが、鎌足から「今の事情では無理だ。時を待て」と説得されたらしいことはすでに述べた。倭姫王にとって、大海人皇子が皇位につくよりも大友皇子が即位してくれた方が皇太后としての自分の権限が高まる。

天智天皇は半島遠征で中断していた中央集権国家の建設に力を入れ、庚午年籍と呼ばれる全国にわたっての戸籍の制定や、近江令の制定など次々と実行し、律令政治もようやく軌道に乗っていた。華やいだ宴会も幾度となく催されていた。そんなとき、大友皇子は、天智天皇の理想を称える詩を詠んだ。

宴に侍す

皇明日月と光らひ　帝徳天地と載せたまふ　三才並びに泰昌　万国臣義を表わす

（『懐風藻』）

一読して気宇壮大な歌で、天皇の徳を日月や天地に比し、万国が臣民としての礼をつくすと言っている。天皇の絶対的地位の確立をめざす天智天皇がこんな大友皇子の才能を愛さないはずがない。

次の皇位を、わが子、大友皇子にゆずりたいと徐々に考えるようになったとしても不思議はない。

天智天皇には九人の后がいた。そのうち、嬪と呼ばれる中央有力豪族出身の妃には女子が多く、皇子は建皇子（たけるのおうじ）ただ一人だったが、前述したように不自由な体だったため、わずか八歳で病死している。

大海人皇子の皇子には、鵜野皇女との間に草壁皇子、大田皇女との間に大津皇子、尼子娘との間に高市皇子の三人があった。

天智天皇が大海人皇子よりもわが子大友皇子に位をゆずりたいと考えた理由の一つに、大海人皇子に皇位をゆずれば弟の家系の方に皇位が流れていってしまう心配があった。

天智天皇九人の后と皇子皇女名

名称	名	父の名	皇子皇女
皇后	倭姫王	古人大兄皇子	
嬪	遠智媛	蘇我石川麻呂	大田皇女　鵜野皇女　建皇子
嬪	姪媛	蘇我石川麻呂	御名部皇女　阿倍皇女
嬪	橘媛	阿倍倉梯麻呂	飛鳥皇女　新田部皇女
嬪	常盤媛	蘇我赤兄	山辺皇女
宮人	色天古媛	忍海小竜	大江皇女　川島皇子　泉皇女
宮人	黒援娘	越隈徳万	水主皇女
宮人	伊那都売	越道	施基皇子
宮人	宅子娘	伊賀国造	大友皇子

天智天皇は皇位について、はじめて権力のすべてを独占し政（まつりごと）を思いのままにできることに想像以上の面白さを味わった。権謀術策の限りをつくし、果ては、父が子を、兄が弟を殺戮（さつりく）してでも手に入れようとするこの強大な権力をすべて掌中にした醍醐味を手放した

くなかった。

皇位をわが子の大友皇子にと考えはじめた天智天皇は、天智四年に来日した唐使、劉徳高が大友皇子を見て言った言葉が忘れられなかった。

「この皇子、風骨世間の人に似ず、実(まこと)に此の国の分に非ず」

と、ほめちぎったのだ。

「皇子、博学、多通にして文武の機幹あり」

と『懐風藻』にも書かれている。ひいき目でなくとも並はずれた才能だったようである。天智天皇ほどの人物でも、やはりわが子にあとを継がせたいというところに、父親の素顔と限界が見られる。

当時、唐でも長子相続の制度が行なわれていた。日本も新しい国家のあり方の一つとして、今までのような兄のあとは弟か叔父といった相続を止めて、長子相続にしたい、と政の大改革をしてきた天智天皇が考えるようになったのも当然であった。中央集権国家をつくり、天皇の権威を増すためには長子相続でなければならない、と。

天智天皇の心中にそのような考えが強くなっていったが、中臣鎌足が生きている間は、天智天皇と大海人皇子の兄弟の間には何事もなかった。ところが額田王と大海人皇子が歌を贈答した蒲生野の遊猟のことが行なわれた翌年、天智天皇八年（六六九年）十月十六日、五十六歳で鎌足が亡くなった。

このとき、鎌足の死をいたんで天智天皇が藤原の姓を贈ったため、中臣鎌足の家系は以来、藤原氏を名乗り一族は栄えることになるが、そのことは置いて、とにかく鎌足が亡くなると天智天皇に忠告する人物がいなくなった。もともと果断な人だった天智天皇は、天智十年（六七一年）正月五日、新人事を発表した。

太政大臣　大友皇子
左大臣　蘇我赤兄
右大臣　中臣連金

皇太子大海人皇子を除け者にした新政府首脳が決められた。天皇の側近政治を断行し、あわせて大海人皇子を疎外する人事である。

当然、この人事に対しての反発の声があちこちに上がった。むろん大海人皇子の胸に不満と憤りが吹き上がったことはいうまでもない。

叔父、兄弟への皇位継承を当然のこととしていた伝統を信奉する保守的な人も多かったはずである。しかし天智天皇には、大海人皇子をさしおいて大友皇子に皇位をゆずってもやっていけるし、動揺はおさえきれるという自信があった。しかしこの年八月、天智天皇は病床についた。病は重く、天皇は再起の困難なことを知った。そこでついに十月十七日、意を決した天智天皇は大海人皇子を病床に招いた。そのとき、使者にたった蘇我安麻呂は大海人皇子に、「お言葉に用心なさいますように」と伝えたという。

大海人皇子が天智天皇の病床を見舞うと、天皇は言った。

「私の病は重い。弟よ。お前に皇位をゆずることにする」

しかし大海人皇子はそれを天智天皇の真意とは受けとらなかった。有間皇子や古人大兄皇子を倒してきた兄のやり方を見てきた大海人皇子にしてみれば、「はい。お受けします」と答えれば殺されると思ったからである。

このとき、天智天皇はあらゆる状況を考えたうえで、大海人皇子に譲位するのがいちばん賢明なことだ。大海人皇子がその後、皇位を大友皇子にゆずろうと、また自分の子にゆずろうと、それは天の命ずるままである、といった気持ちになっていたのかどうか。

天智天皇は私情に溺れて事をあやまるような情緒的な甘い人間ではない。周囲の情況を正確につかみ、もし自分に健康と時間があれば、大友皇子を天皇に立てて、人心を掌握し収拾する自信があると考えたうえで、正月五日の新人事を発表していたはずである。しかし病に倒れた以上、当初の計画は練り直さなくてはならなくなった。だから、皇太子大海人皇子に位をゆずり、その後の皇位の行方は天に任せるしかない、と判断していたかも知れない。

もちろん、このとき、大海人皇子が天智天皇の申し出を即座にことわったという史実がわかっているだけで、天智天皇の真意は永遠に知る由もないが、大海人皇子は、

「位は皇后、倭大后にゆずり、大友皇子に諸政を行なわしめられたし」

と答えたという。「倭姫王を自分の皇后にするためには、鏡王女を鎌足にゆずったりして苦心惨憺した兄さん、今度は倭姫王の願いどおり、大友皇子を太政大臣にしたじゃないですか。そんなに好きな倭姫王だったのですから、その人に天皇の位をゆずられてはいかがですか……」と言ったのである。そして出家して修道がしたい、と述べた。出家、と聞いた

近江富士とよばれる三上山を望む

ときの天皇の顔はどんな表情であったろうか。二人の視線が火花を散らしたであろうことが想像される。大海人皇子は天皇崩御ののち、妃の鸕野（うの）皇女（後の持統天皇）のほか、多くの舎人（とねり）を従えて吉野の山深く入った。

天智天皇崩御

天智天皇の皇后、倭姫王は、まだ五、六歳のときに古人大兄皇子が殺されているので、おぼろげにしか父を知らない。だから幼い日から父が中大兄皇子や大海人皇子によく似ていると聞かされ、父恋しの思いを二人の皇子に重ねていたとしたらどうだろう。そして父を殺した人が中大兄皇子その人だと知ったときのおどろきは。

そうでなくても複雑なかげりをもつ倭姫王は中大兄皇子を時には憎いと思い、時には慕わしいと思ったろうけれど、そんな倭姫王を中大兄皇子は愛したに違いない。皇后にするならこの女と決めていたことだけは確かである。

天智天皇の病が重くなったとき、倭姫王は天皇の全快を願って次のように歌った。

天の原振り放(さ)け見れば大君の御寿(みいのち)は長く天足(あまた)らしたり　（巻二—一四七）

〈大空を仰いでみると、天皇の御命は長く天いっぱいに満ちている。〉

大空に満ち広がっている天皇の生命力があるのだから、決して御命が絶えたりはしない、と歌い、寿命を司る神に、「天皇の生命力はまだまだあふれています。生命を召すには早すぎます」と歌いかけている。一種の言霊(ことだま)信仰ともいえる。このような歌を重病の天皇のために詠むことは、皇后としてのつとめの一つだったのかも知れない。

しかし、倭姫王の祈りの甲斐もなく、天智十年十二月三日、天智天皇は崩御した。四十六歳であった。このとき、倭姫王は天智天皇の魂が見えると歌っている。

青旗の木幡(こはた)の上をかよふとは目には見れども直(ただ)に逢はぬかも　（巻二—一四八）

〈山科の木幡のあたりを魂が通っているのは、目には見えるけれども、天皇の魂を体

に呼びもどし直接お逢いすることはできない。〉

死んだ人の魂は天を駆けると信じられていたためだけでなく、倭姫王は天皇の魂が木幡のあたりを飛ぶのが実際に見えたと歌っている。実感なのだ。不思議なことではあるけれど、私にはこの不思議が信じられるような気がする。倭姫王はさらに歌う。

人はよし思い止むとも玉かづら影に見えつつ忘らえぬかも　（巻二―一四九）

〈たとえ他の人は忘れることがあっても、私には天智天皇の面影が見えて、忘れることはできない。〉

父を殺した人を愛さずにはいられない宿命に耐えた倭姫王の痛みの深さが生前の天皇の心をひきつけずにはおかなかったのだろう。そして本気で男として体当たりして愛したに違いない。そのことがまた倭姫王の心にも愛を芽生えさせた。天智天皇の死をいたんだ長歌もある。

鯨魚取り　淡海の海を　沖放けて　漕ぎ来る舟　辺附きて　漕ぎ来る舟　沖つ櫂いたくな　撥ねそ　辺つ櫂　いたくな撥ねそ　若草の　夫の　思ふ鳥立つ

（巻二―一五三）

〈淡海の海の、沖遠くから漕いでくる舟よ、岸辺近くに漕いでくる舟よ、沖の船は沖漕ぐ櫂で、水をそんなにはねないでおくれ。岸辺の船は岸漕ぐ櫂で、水をそんなにはねないでおくれ、私のなつかしい夫の愛している鳥が、驚いて飛び立つから。〉

「天皇の愛していた湖上の水鳥を驚かさないで……」と呼びかけるくぐもった悲しみの歌。亡き夫への思いが伝わるだけに哀れ深い。

このほか、万葉集には天智天皇の死をいたんだ女性の歌がある。作者は婦人と書かれているだけなので身分の低い女性なのだろう。しかし知性と美貌をかねそなえ、謙虚で天皇に愛されていたらしい。

だいたい身分の低い女性は、卑屈でさえなければ、愛されて、当然という高慢なところがなく、素直にかしずくので、男としては十分満足するらしい。この婦人もそんな女性だったのかも知れない。

うつせみし　神に堪(み)へねば　離(さか)りいて　朝歎く君　放(さか)りいて　わが恋ふる君　玉ならば　手に巻き持ちて　衣ならば　脱ぐ時もなく　わが恋ふる　君ぞ昨の夜　夢に見えつる　（巻二―一五〇）

〈現実にいる私は、神になられた天皇に逢うことはできないので、離れていて朝に嘆く君、離れていて私が恋い慕う君、君がもし玉ならば手に巻いて持って、衣ならば脱ぐときもないと思われるほど私の恋う君が、昨夜、夢に見えたのです。〉

ひとときの間もあなたのそばから離れたくない、と女心を歌った歌。愛した天皇の面影を求めるあまり天皇の夢を見たという。

こう見てくると女心をかき立てずにおかなかった天智天皇の男性としての手腕の見事さはどうだろう。それぞれの女性が天智天皇を愛している。

天智天皇もそれらの女性のひとりひとりを愛した。多情というのではなく、その時々、真剣に眼前にかかわる女性を愛したに違いない。だからこそ女性からも愛されたといえよう。

ところで十人の后をもって、うまくやっていくことは男としてどんなに大変だったことか。十人十色、それぞれの女の性格を見きわめる必要があるし、自分もまた精神的にも身体的にも疲れきってしまわないようコントロールしなくてはならない。

貝原益軒の『養生訓』ではないが、セックスの回数の過剰は生命を縮める。天皇や権力者に妻妾が多いのは、ある面では羨ましいが、実は皆が早く権力の座に坐りたいためにその血筋を絶やさないという名目で、来る日も来る日もセックスを強要している。十人の女が侍ればその陰湿な争いは、天皇を片時も休ませようとしなかったのではないか。

四十六歳の死は中大兄皇子の精悍な生命力が多くの女性に囲まれ縮められた結果かも知れない。

天智天皇の大殯（おおもがり）（大は尊称。殯は崩御。本葬までの間、仮に棺に収めておくこと）がしきたりどおり行なわれた。そのときの額田王の歌。

かからむの心知りせば大御船泊（は）てし泊りに漂結（しめゆ）はましを　（巻二―一五一）

〈こうなるとわかっていたのだったら、天皇の乗られている御船が泊まっているところにしめを結って、天皇が天に旅立たないようにするのだったけれど……。〉

なんとしてもこの地上に天皇をおとどめしておきたかった、本当に残念です……と、ありし日の天皇の英姿を思い浮かべて崩御を悲しむ額田王。しかし、この歌はどこかに理屈があって、女として心底、天皇の死を悲しんでいるというよりは儀礼的に詠んでいる感じがする。

舎人吉年（とねりのきね）も、志賀の辛崎（からさき）に天智天皇が船に乗られて行幸したありし日の光景を思い浮かべ、なつかしんで詠んでいる。

やすみししわご大君の大御船待ちか恋ふらむ志賀の辛崎　（巻二―一五二）

〈わが大君の乗られた船がいつ来るかと恋い待ち続けていることだろう、志賀の辛崎は。〉

舎人吉年は、ありし日のように、凜々しい天智天皇がお乗りになった船が勇壮そのもののように辛崎の港に入ってくる日を夢見る。

天皇はすでに亡くなり、天皇の乗った船が港に入ってくることは決してないとわかっているのに、気がつくと、いつの間にか大御船の入港を待っている。そんな自分の思いを辛崎の港が天皇を待ちわびている、と港にことよせて歌っている。のびやかな歌の中に、天皇を慕う思いがこめられている。

天智天皇を偲ぶ歌の中に、石川婦人（いしかわのぶにん）の歌もある。石川婦人とは、蘇我倉山田石川麻呂の娘のことだが、遠智娘と姪娘の二人が天智天皇の妃となっているので、そのどちらの歌であるかはわからない。

ささ浪の大山守は誰がためか山に標結（しめゆ）ふ君もあらなくに　（巻二―一五四）

〈宮廷の山を守る役目の人は、いったい、だれのために山にしめを結っているのだろう。山の持ち主だった天皇はもういらっしゃらないのに……。〉

天智天皇の亡くなられた寂しさが、天皇の御領地にしめを結う役人を見ていると、ひとしお思い出されるという。

「天皇は、もうこの世にいらっしゃらないのに、なんでしめを結うのかしら……」

と、しめを結う役人を見ただけで胸がふさがる。

「君もあらなくに」には、悲しみが空(うつろ)としか感じられないほどの深さとなって読む者の心を打つ。調べの美しい、しみじみと悲しい歌だ。

石川婦人は生まれも育ちもよく、女性としての高い教養も身につけて育ったのであろう。倭姫王と同じく、父を殺した中大兄皇子を夫としていたが、女心の妖しい不思議さはこの歌で見るかぎり天智天皇を深く愛している。

天智天皇もまた父を殺した自分を夫とする石川婦人の痛みがわかっていたのだろう。

天智天皇は次々と人を殺し戦で死なせて来ただけに、自分もまた傷つくことが多く、常人とは違って深いやさしさをもっていたのであるらしい。だから、本当に自分を理解し愛してくれる人として立場も性格も違う多くの女性が天皇を愛さずにはいられなかった。

天皇の本葬が終わり、御陵が造営されると、その御陵に奉仕して終日泣き暮らす役目の人々がいた。その泣き女や妻たちが一年間もの長い喪に服し、墓に参詣しつづける。そして一年の喪が終えると、別離の悲しみを噛みしめながらそれぞれ御陵から去って行く。その別離の儀式を歌った額田王の歌がある。

やすみしし　わご大君の　かしこきや　御陵仕ふる　山科の　鏡の山に　夜はも
夜のことごと　昼はも　日のことごと　哭のみを　泣きつつ在りてや　百磯城の
大宮人は去き　別れなむ　（巻二―一五五）

〈わが大君の恐れ多い御墓に仕えている山科の鏡の山に、夜は毎夜、夜どおし、昼は毎日、一日中泣いてばかりいたが、今はもう大宮人たちは別れ去ってしまうらしい。〉

御墓に奉仕し、泣き続けた一年がまたたく間に過ぎ、御陵から去って行く寂しさを歌っているが、この額田王の歌も、どこか儀礼的な感じがする。「君もあらなくに」と詠んだ石川婦人、「わが恋ふる君ぞ昨の夜夢に見えつる」と詠んだ婦人、「いたくなはねそ若草の夫の思ふ鳥立つ」と詠んだ倭姫王たちの歌に息づいている思いにはとうてい及ばないものがある。

それに比べて額田王は、どこかで天智天皇の死を余所事として客観視し心は妙に静まっている。ところが額田王は天智天皇が亡くなると急に歌の冴えを見せなくなってしまう。年のせいだとか、大海人皇子との三角関係で張り合う緊張がなくなったためとかいわれているが、私には天智天皇の代詠者としての地位を失い、歌を詠む場を失ったからだと思われる。

女の幸せに目をつむり、天皇の代詠者としての誇りだけで自分を支えて来た額田王は、天皇の崩御とともにそのすべてを失ってしまった。

額田王は、天智天皇に仕える巫子としての役を解任されると、平凡な役人と結婚したらしいが、そのときはすでに歌わぬ人になっていた。天智天皇の死は、歌人、額田王の死でもあった。

12　古代最大の内乱

「時なくぞ　雪は　降りける　間なくぞ……」

――壬申の乱　起こり、近江朝ついに滅ぶ――

吉野へ逃れる大海人皇子

天智天皇が亡くなって一ヵ月余りたった翌一月十九日、大海人皇子一行は吉野へ向かった。

吉野へ向かう大海人皇子の心に去来した思いはなんだったろうか。皇太弟として天皇に全面的に協力し、今日の新体制をつくり上げて来た自分が、宮廷から投げ出され、僧形となって吉野へ落ちることの苦汁(くじゅう)を飲み込んでいたのではないか。兄の天智天皇とともに今日まで生きて来た自分の努力はいったいなんのためだったのか、と問い続けながら。失意に沈む大海人皇子は次のように歌っている。

み吉野の　耳我(みみが)の嶺(みね)に　時なくぞ　雪は降りける　間なくぞ　雨は降りける　その雪の　時なきが如　その雨の　間なきが如　隈(くま)も落ちず　思ひつつぞ来し　その山道を　（巻一—二五）

〈吉野の耳我の嶺に、いつも雪が降っていた。絶え間なく雨が降っていた。その雪がいつも降っているように、その雨が絶え間がないように、道の曲がり角ごとに、ずっともの思いに沈みながらやって来たことだ。その山道を。〉

今にも追手が来るか。追討軍の鬨(とき)の声が上がるか、と不安におびえながら、吉野の山中へ急ぐ一行の動きと雪の冷たさまでが伝わってくる調べの高い歌である。

天智天皇の皇位を継がれよ、との申し出をことわった以上、天智天皇は病床にあっても、大友皇子を中心に宮廷の内外をがっちり固めて、もはや大海人皇子の一歩も入る隙もないまでにして逝ったらしい。

「吉野へ行かなければ討て」

と、いうくらいの命令は出ていたかも知れない。

二十人ほどの供人を連れて吉野へ急ぐ大海人皇子は、もしも大友皇子が追討軍を出せば、たちどころに全滅するほかない小人数だったから、追討軍に逢ったその瞬間、死はまぬかれない。

そのために、十九日に大津京を発った大海人皇子は、早くも二十日には吉野に着いている。追手をおそれ驚くほどの強行をした。

行動は早かったものの、重い足を引きずり、冷たい雪まじりの雨に濡れ、曲がりくねった山道を各人各様が暗いもの思いにふけりながら吉野へ急いだ。

ところで、大海人皇子の歌を読んでみると、心の重さ、やりきれなさ、わびしさは出ているが、たった一日で吉野へ着いてしまうほどの迅速な行動を行なう強さを感じさせるものはない。吉野へ向かう大海人皇子の心情の一面しかここには歌われていない。

この歌が都に伝われば。人々の同情は大海人皇子に寄せられるはずだ。「思ひつつぞ来し、その山道を」と歌う大海人皇子の心の底にあったものは何か。

大海人皇子が深く思い続けていたものは、「いつの日か、かならずや政権をわが掌中に……」ということではなかったか。大海人皇子はどん底にあっても望みを失わず、堂々と胸を張っていられる男であった。

だからこそ一行が吉野へ落ちる日、一行を宇治まで見送った朝廷の官人たちは「虎に翼をつけて放したようなものだ」とささやいたという。

虎はもちろん大海人皇子を指したもので、野放しの虎というだけでも恐ろしいのに、その虎に翼を付けたというのだから、大海人皇子の評価が都ではいかに高かったか、がわかる。

このときの大海人皇子は翼のついた虎どころか、羽根をもがれた小鳥にひとしい状態だった。しかし大海人皇子の心のうちに脈々と息づく「いつの日か政権をわが掌中に」という確かな叫びを宮廷人たちは感じていたし、その日の来ることを信じていた。

こうした人々の秘められた期待、不人気な近江朝廷への反感などが、大海人皇子への追討軍を出すことをやめさせる力になった、ともいえる。

吉野へ着くと大海人皇子は二十人余りの従者を半数に減らし、あとは都へ帰している。従者を減らすことは大友皇子を中心とした近江朝に従順の意を示すことになる。大海人皇子にすれば、従者が十人でも二十人でも攻められれば全員死ぬほかないのだから、半数でも都へ帰すことはその生命を救ったことになる。

都に帰った半数の従者たちは、大海人皇子の歌や、その心情を人々に伝えてくれるであろう。いつの時代でも有利な情報をいかに流していたかが戦の勝敗を決める鍵になるものである。

とはいえ、吉野に入った大海人皇子に心の許せる日は一日もなかった。かつては古人大兄皇子も憎となって吉野に隠れたが、謀反の罪名のもとに攻められている。大友皇子が大海人皇子を殺すために軍を動かせば、大海人皇子には抵抗できる力はないし、吉野で戦う意志もない。

たとえ、新羅への外征や、中央集権国家建設に急だった天智天皇の政治に批判的だった人々の気持ちが大海人皇子に集まったとしても、また公地公民の制で、それまで自分のものだった土地や部民を冠位と引き替えに奪われた不満をもつ豪族たちの同情や信頼があったとしても、いま吉野に逃れた大海人皇子にはどうすることもできない。しかし大海人皇子の立場が悪ければ悪いほど、逆に人々の思いは大海人皇子に肩入れしていた。時代の流れは大きく変わろうとしていた。

大海皇子に有利だった童謡(わざうた)

当時の民衆が時事を諷して歌う流行歌(はやりうた)を童謡(わざうた)と呼んでいたが、もちろん、だれが作ったものかわからない。子供に歌わせて流行させたもので、地に水が湧くように自然に、だれからともなく、いつからともなく、その時々の時事問題が諷刺風に歌い出されたもので、その童謡で民衆の関心や動向がつかめた。

中国ではこれら民衆の心の動きを知るために朝廷内に童謡を記録する正式な役人を置いたというが、日本にはそのような役職があったという記録はない。しかし、かなりの数にのぼる童謡が残されていることからみても、役人がこの童謡を記録し朝廷に呈出していたのかも知れない。万葉集にも次の歌がある。

近江の海　泊八十(とまりやそ)あり　八十島の　島の崎々　あり立てる　花橘を　末枝(ほつえ)に　黐(もち)引き懸(か)け　中つ枝に　斑鳩(いかるが)懸け　下枝(しずえ)に　ひめを懸け　己(な)が母を　取らくを知らに　己が父を　取らくを知らに　いそばひ居(お)るよ　斑鳩(いかるが)とひめと　（巻十三―三二三九）

〈近江の海には船着場がたくさんある。その島の先々にずっと立っている花橘の上の枝にモチをかけ、中の枝にイカルガを、下の枝にひめをかけておとりにし、イカルガとヒメの母と父をとろうとしているのを知らないで、たわむれているよ、イカルガとヒメとが。〉

近江の海とは近江朝廷のこと。近江朝廷が十市皇女と葛野王とを囮(おとり)にして大海人皇子と鸕野讃良姫(うのささらひめ)など、ともに吉野に落ちた妃を引き寄せ捕えようとしているのに、自分の父たちの危険も知らずに十市皇女も葛野王も無邪気に遊びたわむれている、と歌っている鋭い諷刺の童謡で、もちろん政治的目的のために流行(はや)らせられた歌である。

十市皇女は大海人皇子と額田王の間に生まれた皇女で、大友皇子の妃になり葛野王を産んでいた。しかし十市皇女は、母額田王と違って、大らかな女性だったらしい。

また天智天皇の崩御以後に次のような童謡もある。

み吉野の　吉野の鮎　鮎こそは　島傍(しまへ)も良(え)き　え苦しゑ　水葱(なぎ)の下(もと)　芹(せり)の下(もと)　吾(あれ)は苦

しゑ

〈吉野の鮎よ、お前は島陰にいられていいが、（私ときたら）ああ苦しい。水葱の下、芹の下に押しこめられてああ苦しい。（にごった小川に住む鮎である私は苦しい）〉

大海人皇子を鮎にたとえ、世が世なら近江にあって帝位につくはずの皇子が、今は所を得ないで、吉野に隠れ住んでいる、と歌っている。大海人皇子は皇太子だったのに、吉野にいるなんておかしいじゃないか、と歌っている。

大海人皇子挙兵の地。浄見原神社

大海人皇子に同情した童謡である。自分の方に有利な世論をつくり出すために大海人皇子方の者が流行らせたものだろうか。あるいは、もともと吉野地方の農民が労働のつらさを歌ったものが、大海人皇子の苦しさを諷して広く歌われたものであろうか。

臣(おみ)の子の　八重(やへ)の紐解(ひもと)く　一重(ひとえ)だに　未だ解かねば　御子の紐解く

〈臣下の私が、自分の服の八重の紐をまだ一重さえも解いておりませんのに、あなたは、もうご自分の服の紐をぜんぶ解いてしまわれましたことよ。〉

この歌は、「紐解く」に暗示されるように、皇族の男を迎えた女が、逸(はや)る男を見て笑った歌であろうが、これを、近江朝廷の百官が戦争準備にあたふたしているのに比べ大海人皇子は悠悠としている、と歌っている。ここまでくると民衆の心が早くに近江朝から離反して大海人皇子に傾いていたことがわかる。

流行歌(はやりうた)というものはどんなにおさえても政治力で根絶やしにすることはできない。おさえきるには、その流行歌よりさらに面白く人の心に訴える歌を作り出すほかない。そしてついに次のような歌まで歌われ出した。

赤駒の　い行き憚(はばか)る　真葛原(まくずはら)　何の伝言(つてこと)　直(ただ)にし良(え)けむ

〈赤駒でも容易に行けない葛の原をへだてているあなたから伝言などでなく、（言いたいことがあれば）直接私に言ってください。〉

もともとは女が、男の訪れをさそった歌であるが、これを利用して民衆が大海人皇子に「立て！」と伝言を伝えたいが、真葛原にさえぎられて伝えにくい。皇子は伝言など待っていないで、直接行動に出た方がいいのだが……と大海人皇子の決起をうながす人々の心を託したものか。それとも近江朝廷を挑発したものであろうか。

壬申の乱

近江朝廷では天智天皇が崩御するとただちに、変に備えるために山陵造営のための人夫ということにして美濃・尾張の農民を集めた。

そんなある日、十市皇女は、それらの農民が武器を持たされていることを知った。山陵を造る農民がいったん事が起これば兵士に早変わりする。事とはすなわち吉野にいる大海人皇子を討つことである。

十市皇女は鮒の腹に密書を入れて父の大海人皇子にそのことを知らせた、と伝えられている。事実はわからないが、近江から大和にかけての道筋には物見を配置し、もしも大海人皇子方に不審な動きがあれば、ただちに大軍を出動させる準備を近江朝側では整えていたのは確からしい。

十市皇女から「お気をつけなさいませ」という伝言ぐらいは当然あったであろう。これがもし天智天皇だったら、少数の精兵を動かしてたちまち大海人皇子を攻めてしまっただろうけれど、天皇亡き後の近江朝の中には吉野攻めに批判的な勢力もあって事は一気に運ばなかった。

近江朝廷に大軍が集結していると聞いた大海人皇子は、このまま座して吉野に死を待つか、九死に一生を得るために吉野を脱出して挙兵するかの二者択一に追い込まれ、成るか成らぬかは天に任せ、とにかく吉野脱出をはかった。

六月二十二日、大海人皇子はまず村国男依(むらくにのおより)ら三人を美濃の安八磨郡へ向かわせ、多品治(おおのおむら)に大事を打ち明けて郡の兵を起こすように命じた。もともと安八磨郡は十市皇女の化粧料となっている領地で、都の不穏な空気を避け、二十一歳の十市皇女は四歳の葛野王を連れてこの地に避難していた。

これは、大海人皇子が近江朝を攻めるときに、娘や孫の安否を心配する必要がなかったということで、もし十市皇女が夫の大友皇子のもとを離れなかったら、壬申の乱の行方は違ったものになっていたかも知れない。

それはさておき、大海人皇子は、村国男依らの使者を通じて美濃の国司に命じ、不破の関をふさがせた。近江朝と東国との間を遮断し東国の人々を自分の側につけるためである。これだけの準備をしてから、大海人皇子は妃、鸕野讃良皇女や草壁皇子、忍坂部皇子など二十人余りと女官十人ほどを連れ六月二十四日に吉野を出た。

その夕方に近江朝は大海人皇子の吉野脱出を知ったらしい。「すぐに出兵して討て」という案も出されたが議論百出してまとまらなかった。

大海人皇子はわずか三十人ほどの一団、しかも、その三分の一は女子なのだから、このとき攻められればひとたまりもなかった。

奇襲すれば足りるのに、不必要な大軍を近江朝が集めている間に大海人皇子の一行は美濃へと急いだ。その途上で会った猟人二十人余りが一行に加わり大海人皇子は力づけられた。二十五日には早くも伊勢国に入り、伊勢の貢米を運ぶ馬五十匹を曳いている一行をつかまえて馬を徴発して従者に与えた。

近江朝が奇襲できたとすればまずこの二十五日までだった。この日までなら難なく一行を討ちとれたはずだった。しかし近江朝はなおも大軍の動員でもたもたしていた。まず、近江朝の軍の最高官吏、大伴馬来田（まくた）と弟の吹負（ふけひ）は、近江朝から動員がかかると病と偽って出仕せず、成り行きを見守っていた。大軍が動員されても肝心の指揮官がいない、というありさまだった。

大伴家は、朝廷で代々軍事を司っていた長官である。近江朝では大伴家は当然味方するものと決めてかかっていた。それにひきかえ大海人皇子方の使者は、味方してくれるように切々と嘆願したことであろう。しかし大伴家は中立を保って動かなかった。

「軍の最高司令官が病などといって出仕しないとはとんでもない」

などと言っている場合ではなかったのがこのときの近江朝の置かれた状態であった。

大伴家に伝わる歌として、

海行かば水漬（みづ）く屍（かばね）山行かば草生（む）す屍大君の辺（へ）にこそ死なめ顧みはせじ

（巻一八―四〇九四）

〈海を行けば水に浸る屍、山を行けば草の生える屍となっても、大君のおそばでこそ死のう。後ろをかえりみることはない。〉

がある。長歌の中の一節だが、一見して祖先の名を辱しめず、大君（天皇）に仕える、という武人の心意気の感じられる歌である。

大伴馬来田と吹負は、この大君を大友皇子にするか、大海人皇子にするか大伴家の名を絶やさぬためにはどちらを選ぶかを考えていた。

豪族であった大伴家が近江朝廷内で押され気味だった面白くなさも大いに手伝った。近江朝廷からの人心の離反は天智天皇の亡きあと急速度だったから、結局、近江朝を見限って大海人皇子に味方すると決めると大伴家にならって、大和の豪族三輪氏や鴨氏も大海人皇子側についた。

自分の膝下に強敵をかかえ込んだ近江朝の驚愕と失望は、大きかった。呆然と立ちつくす高官たち、周章狼狽する宮廷人たち……。

二十六日、大海人皇子一行が鈴鹿山に到着すると美濃の国司が五百の兵を率いて迎えた。

そのうえに大津皇子や船史恵尺(えさか)までが馳せ参じてきた。大海人皇子の意気は大いに上がった。もうこの頃には吉野脱出当時のあの悲壮感は消え失せて、行く手には一筋の光明が見えはじめた。

大海人皇子の軍がふくれ上がっていく報に近江朝は朝廷の威令にものを言わせて全国に動員令を出した。しかし、筑紫へ走った使者は、太宰府の長官、栗隈王に拒絶されて命からがら逃げ帰ったし、吉備へ向かった使者は到着してみると、国司はすでに吉野方に味方していた。ために怒って国司一人を斬って帰ったものの軍兵一人連れて帰れないというありさまで、近江朝の士気はもう一つ上がらなかった。

時の運は、すでにこの時点で吉野方に有利に展開していた。

鈴鹿山脈越えにかかった吉野方に大津皇子らが到着したあとを追うようにして、使者として先発した村国男依(むらくにのおより)が美濃の兵三千を率いて不破の関をふさぎ、桑名の郡司の家に大海人皇子を迎え入れた。

郡司の家は小規模ながらも都風の立派なものだった。大海人皇子はしばらくこの桑名にとどまって、東海道や東山道にも動員令を発して兵をつのり軍容をととのえた。

近江朝にすれば、諸国の国司や郡司が味方につかないということは明らかな裏切りで、その失望と落胆は大きいが、吉野方にすれば反乱軍という後ろめたさがあったものの、こうして次次と味方してくれる軍勢が出てくるといやが上にもその士気は上がった。しかし大海人皇子は「味方の軍勢はこうして集まったものの、軍を動かす戦略家がいない」と嘆いていると、父のもとへ駆けつけたまだ十九歳の高市皇子（たけちのみこ）が「私にお任せください」と献策した。

高市皇子の戦略に従って大海人皇子は桑名から野上に移ってここに本営を置き、兵力数万にもふくれ上がった第一軍を紀阿閉麿が率いて大和の大伴吹負（おおとものふけい）と連絡をとりながら、伊勢の山を越えて大和へなだれ込んだ。大和一帯はすでに吉野方の味方だったから大軍は南からまっすぐに近江の都へ進撃した。

第二軍は村国男依が率い、不破から近江に入り、東から大津へと進んだ。これも同じく兵力は数万。両軍ともに兵衣に赤い布、旗指物にも赤色を使った。これは楚の項羽と戦って天下を取った漢の高祖が、赤を尊び赤い幟（のぼり）を使っていた、という故事にならったものである。

大友皇子の近江朝は瀬田の橋桁をはずして吉野勢を迎えて戦った。しかし、七月二十三日、大友皇子は敗れて山前（やまざき）に逃れここで縊死（いし）した、と伝えられる。二十五歳の若さであった。

ここで考えてみたいのは、この壬申の乱が一ヵ月にも及ぶ大乱だったということである。近江朝もかなりな動員に成功して多くの軍勢を持ち得、両軍が死力を尽くして戦ったのである。戦国時代でさえもっと短期間で場合によってはスポーツの試合時間ほどで戦が終わっているのに一ヵ月にも及んだということは、皇位継承をめぐって争われた古代最大の内乱であったことを物語っている。

大友皇子方には蘇我、中臣、巨勢など上層の大豪族が、大海人皇子には紀氏、阿倍氏という大豪族以外は、地方の小豪族が多かった。

戦乱が長期に及んだため近江朝の高官の処置が発表されたのは一ヵ月もあとの八月二十五日であった。右大臣中臣連金(なかとみのむらじこがね)は死刑、左大臣蘇我臣赤兄と巨勢臣人(こせのおみひと)は流罪、紀臣大人(うし)は赦免された。蘇我臣果安(はたやす)はすでに戦いで死んでいた。こうして近江朝は滅んだ。

ところで大友皇子が縊死(いし)したのは今の三井寺(みい)あたりだった、ともいう。大友皇子の遺子の一人に与田王がいたが、大友与多と名乗り父大友皇子の亡くなった地に一寺を建立してここで生涯を終えた。これが園城寺(おんじょう)、すなわち三井寺である。のちに六歌仙の一人として知られた大友黒主はこの与田王の後裔といわれている。

13　大津京の終焉

「荒れたる京見れば悲しも……」

――夫を父に殺されて自害した十市皇女――

父と夫との争いの中に自害した十市皇女

大海人皇子と額田王の子十市皇女は、夫の大友皇子を裏切ってついには夫を死に追い込む結果となった。かまきりの雌にも似て、夫を殺してしまう女は昔から見られ、中村草田男の「起こし絵の男をころす女かな」ではないが、十市皇女も結果としてそんな女の一人だった。

長い夫婦生活の中でただの一度も妻の死を願ったことのない男はいない、とよくいわれるが、それは女とて同じこと。ただ経済的に独立できない多くの女は実際に夫に死なれては困るだけのことである。だから女は時には夫を心の中で殺しておいて、笑顔で手なずけることもする。

ところで、女が自分の添った男を殺す凄絶で極限までに美しい舞台を私は見たことがある。『四谷怪談』で知られる鶴屋南北の作「かさね」では、女の激しく一途な愛が報われない苦しさゆえに憎悪と残忍の権化に変わって男を殺してしまう。女の愛の純一さ、激しさは時にすさまじい殺意にまで変わり得ることを南北は教えている。これを歌右衛門が見事に演じていた。

女の愛は、肉体関係がない間は静かでも、いったん官能の喜びを呼びさまされるとすさまじいものに変わることが多い。しかし大多数の女は、やさしく夫を愛し、つつましく暮らすことを願っているものではある。

十市皇女の夫、大友皇子はすぐれた人物だった。父は中大兄皇子こと天智天皇であり、二人はいとこ同士である。

天智天皇は、今まで述べてきたように蘇我氏を滅ぼし、大化の改新を断行し、百済救援のため兵を朝鮮半島に送り自らは九州の地で指揮をとった。白村江（はくすきのえ）の戦いに敗れるや、都を近江に遷し、防人（さきもり）を置くなど、国内政治の充実、律令国家の建設と果断に行動した鋭い人物だった。また単に鋭く果断な人、というばかりでなく、前述したように、母の死に涙し、白村江の戦いに出征する若い兵士たちの親を思って胸をあつくする優しさもあわせもつ人だった。

そんな人柄でもあり、中央集権国家を確立した偉大な政治家でもあった天智天皇だけに、自分の志を継いでくれる人物として、わが子大友皇子に、という思いは早くからあった。また大友皇子はその期待にこたえるに十分な人材であった。

大友皇子が、それほどたいした人物でなければ天智天皇は迷うことなく皇太子であった弟、大海人皇子に皇位をゆずったと思われるが、わが子大友皇子が並はずれてすぐれていただけに、帝位を長子に継がせる中国にならって、弟でなく、わが子に皇位を継がせた方が中央集権国家の建設を早められると考えた。

その思いが悲願に近いところまでいっていたことは、大海人皇子が皇太子の地位を投げ出し、出家して天智天皇亡きあと半月ほどのちに、わずかな人数で雪の降る中を吉野へ向かわざるを得なかった、という当時の宮廷内の空気からも知ることができる。

そのとき、大海人皇子が詠んだという前章の「み吉野の　耳我の嶺に　時なくぞ　雪は降りける　間なくぞ　雨は降りける……」の歌を、十市皇女は宮中で聞いたかも知れない。

皇太子の身でありながら今は出家して吉野へ落ちる父の悲憤の思い、身を切られるつらさに泣いたことであろう。

女は婚家先を大事にし、夫の親族を立てるべく努めはするが、女にとっていちばん大切なのはやはり生まれ育ったわが家であり、わが親、兄弟たちである。父を思う娘の心は、夫や恋人に対するよりも時として純粋であり深いものでさえある。

ただ、女は完全に男に愛されていると信じきったときには、父や母やわが子よりも自分を愛撫してくれる男を大切にする。と、すると、夫の機密を知っていち早く父に密書を送った十市皇女は、あるいは大友皇子によって愛され満たされていなかったのではないだろうか……。

当時、都には「天智天皇の山陵を造るため」という名目で、大海人皇子の領地といえる美濃や尾張の農民数千人が徴集されていた。大海人皇子が事を起こすべく軍兵を集めようにも自分の領地に兵士になれる農民は、もはやいない、というような状態であった。

ある日、女官の一人が十市皇女にただならぬことをささやいた。

「天皇の山陵を造るというのは表面上のこと。その実は武器を持たせ、吉野へ攻め入る準備だとのもっぱらの噂です」

気をつけて見ると、集められた人々はいっこうに山陵の土木事業を始める気配はなく、手に手に武器をたずさえている。

十市皇女は大友皇子に言った。

「このたくさんの動員は、なんのためでしょうか」

「わが父、天智天皇の山陵を造るためのもの」

と、ぶっきらぼうに大友皇子は答えた。

「そなたの父を攻めるためだ。許せ」などとは言えるわけもないが、父を殺すことはすなわち自分を愛していないことと思い込むには十分だった。

「お生命が危のうございます」

と、十市皇女は父に密書を送った、と伝承にある。

ちょうどその頃、「み吉野の　吉野の鮎……」の童謡（わざうた）が流行していたときでもあり、十市皇女は一計を思いついた。

「今朝、琵琶湖でとれた魚です」

といって生きのいい魚を父に送ればいい。吉野の山中の父に娘が魚を送ったところでだれも怪しみはしまい。

「どうぞ、この魚を料理して食べてください」

と口上をつけさえすれば、俎の上に乗る魚だということがわかる。魚は水の中にいたときの魚ではない。ただ料理されるのを待つばかりである。

父は娘から送られてきた魚を見て、もはや自分が俎の上の魚である、ということに即座に気づいてくれるだろう。

十市皇女は祈る思いで父にこの鮒を送ったものと思われる。鮒の腹に密書を入れたという説もあるが、とにかく琵琶湖の鮒を使って父に迫る危険を知らせたのである。

十市皇女は自分の置かれた立場を嘆き悲しんだことであろう。天皇にもなるべき父が吉野に僧となって身を隠し、その父を、夫が殺すべく兵を差し向けようとしている。それも「天皇」の座をめぐって……。

しかし十市皇女が鮒を送った一事で歴史は思わぬ方向へ急速に動き出した。人はだれでも何気なく言ったりしたりしたことの反響の大きさに驚くことがあるものだ。十市皇女としても父を思ってしたことが歴史の流れを変えようとは想像もしなかったに違いない。

十市皇女から鮒を送られた大海人皇子はそれを見て、自分の置かれた立場を直観した。手をこまねいて死を待つよりは、と吉野を脱出し兵を挙げるために敏捷な行動をとった。

このとき、十市皇女が父に魚を送らず、また夫のもとを離れずにいたら、大海人皇子は、あるいは追手の手にかかって吉野の山中で非業の最期を遂げていたかも知れない。また反対に大海人皇子が大友皇子を攻めるべくその邸に攻め寄せた、としたら、自分の娘も殺すことになったに違いない。

たとえば、織田信長はお市の方のいる小谷城攻撃ではその鉾先をはっきりとにぶらせているし、大坂夏の陣では、徳川家康は秀忠の娘千姫をまず脱出させることに汲々としている。

もし、十市皇女が子供の葛野王とともにさっさと安八磨郡に難を避けずに、夫のいる近江から一歩も出なかったなら、大海人皇子は娘を殺す覚悟をして近江に攻め入らなければならなかった。しかし十市皇女は近江をはなれ、大友皇子は敗死し近江朝は崩壊した。

壬申の乱の翌、六七三年三月二十七日、大海人皇子は飛鳥浄見原宮で即位した。天武天皇である。

父天武天皇即位の式典が始まり、天皇の行列が動き出そうとした寸前、十市皇女は自害した。

夫、大友皇子に死なれて、はじめて十市皇女は皇子が自分にとってかけがえのない大切な人であったことに気づいた。父を助けることが夫を死に追いやることになってしまった悲しみに耐えきれず、十市皇女は何も語らずその生涯を自ら閉じた。

父即位の式典直前の自害は、「本当に娘の私が可愛いのなら夫を殺さなくてもよかったのではありませんか……」という父への無言の抗議でもあった。

十市皇女の死は天皇の心を深く傷つけたに違いない。

十市皇女の死をいたむ歌を十市皇女の異母兄にあたる高市皇子が詠んでいる。まるで歌など詠んだこともない人が激情にかられて苦吟してやっと歌ったと思うしかない稚拙な歌を残している。しかしそれだけに深い悲しみが感じられる。


三諸(みむろ)の神の神杉夢にだに見むとすれども寝ねぬ夜ぞ多き　（巻二―一五六）

〈三むろの山の神杉を見るように、せめて夢だけでも見ようとするけれども（皇女のいない悲しみのため）寝られない夜が多いことだ。（だから夢でさえ皇女に逢えない）〉

三輪山の山辺真麻木綿(まそゆふ)短木綿(みじかゆふ)かくのみ故に長しと思ひき　（巻二―一五七）

〈三輪山の山辺の真麻の木綿は短いがこんなことになるのだったのに長いとばかり思い込んでいた。〉

十市皇女がそんなに短い生涯を終えるとは少しも思っていなかったのに……と。武骨で、気まじめな高市皇子のぶつぶつつぶやくような悲しみの言葉が並ぶ。

こんな素朴で武骨な高市皇子がひそかに想いを寄せていたということからみても、十市皇女のもつ、明るさや優しさ、優美さが見えてくる。

自害ヶ峰の大友皇子の首塚と伝えられる（岐阜県関ヶ原町）

山振の立ちよそひたる山清水酌みにゆかめど道の知らなく　（巻二―一五八）

〈山吹が咲いて飾っている山の清水を汲みに行きたいのだが、道がわからないこ

とだ。〉

十市皇女は山吹のように可憐で明るく華やかな女性だったのだろう。その十市皇女のいるあの世まで訪ねて行きたいのに、その道がわからない、と高市皇子は嘆く。

昭和六十年十月に多くの木簡が出土した所が浄見原宮の跡だろうという説が有力であるが、それまでの都が丘陵上にあったのと違って平野に造られている。もちろん、平野部での都は、舒明天皇の百済宮の例があるけれども百済宮はわずか五年で廃棄されているのにくらべ、飛鳥浄見原宮は天武二年から持統七年（六九三年）まで二代二十一年間にわたる都として栄えた。

大友皇子が死に大海人皇子が即位したことで、一見、天智天皇の意志は途絶えたかのようにみえたが実際には、天武天皇は天智天皇の遺志を受け継いだ後継者だった。もともと天智天皇のもっともよき協力者であったのだから。

ところで、山前（やまざき）で自殺した大友皇子の即位を水戸光圀は『大日本史』の中で認めている。文部省もこれに沿って大友皇子に弘文天皇と諡（おくりな）したが、奈良時代までの文献には大友皇子の即位に関するものは一つもない。

形式的には、大友皇子は即位の式典を挙行していないので天皇にはなっていない。しかし天智天皇亡きあとの近江朝では事実上の天皇であった。

旧都近江に涙する人麿（ひとまろ）、黒人（くろひと）

窮地を脱して壬申の乱に勝利をおさめ、浄見原宮を造営した天武天皇の超人的な行動をたたえ、この運の強さはただ者ではない、神である、と当時の人々は歌う。

大君は神にし坐（ま）せば赤駒の匍匐（はらば）ふ田井（たゐ）を都となしつ　（巻一九—四二六〇）

〈天皇は神でいられるから赤駒が這って歩いていた田をたちまち都に変えてしまわれた。〉

作者は大伴御行。「海行かば水漬（みづ）く屍（かばね）……」と歌って天皇に忠誠を誓い、武をもって仕えた家柄の長である。大納言という高位にあって鉱物資源の開発に努力したのはいいのだが、対馬から金(きん)が出たと騙され世の笑いものになり、『竹取物語』のモデルとなった人物である。（拙著『かぐや姫と古代史の謎』参照）

大君は神にし坐(ま)せば水鳥の多集(すだ)く水沼(みぬま)を都となしつ　（巻一九―四二六一）

〈天皇は神でいらっしゃるから水鳥のたくさんいた水沼を都としてしまわれた。〉

作者未詳のこの歌も、飛鳥の浄見原宮の造営をたたえたものである。これらの歌でわかるように天武天皇は強大な権力をもって在位十五年、見るべき治績をあげた。美術史の上でも白鳳時代と呼ばれる時期がこの天武天皇の治世のころにあたる。唐との往来、仏教美術の制作などがさかんに行なわれたことからみても浄見原朝廷の繁栄がわかる。

そのころ、天智天皇がその生涯をかけて建設しようとした近江の都はただ荒れるにまかされていた。

素朴な生活体験を歌う狭さから脱した宮廷歌人・柿本人麿はかつてのこの近江の都を訪れて歌う。

ささなみの志賀の辛崎幸く(からさきさき)あれど大宮人の船待ちかねつ　（巻一―三〇）

〈志賀（滋賀）の辛崎（唐崎）は昔のままにあるけれども、大宮人の乗った船はいくら待っても、決して来ることはない……。〉

ささなみの志賀の大わだ淀むとも昔の人にまたも逢はめやも　（巻一―三一）

〈志賀（滋賀）の湾曲したところに大水が淀んで人を待っているようすだが、昔の人に再び逢うことがあろうか。（私は逢いたいのだけれど決して逢えないのだ）〉

あたりを見回すと、水も木も草も昔のままで、大宮人がにぎやかに訪れるのを待っているように見え、ふっと大宮人の笑いさざめく声が聞こえて来そうに思うけれど……。

現実にはもう決して起こらないことなのだ、と自ら描く幻を自ら消して、近江の荒れたさまを悼んでいる柿本人麿。

人麿は宮廷歌人なので、飛鳥浄御原に遷都したことで、近江の都に置き去りにされ逝った人人の霊にこれらの歌を詠んで捧げたのかも知れない。

「私たちはあなた方のことを決して忘れていません。いつもいつも偲んでいます。ですからどうか安らかにお眠りください」

と呼びかけている鎮魂の歌であるものの、役目がら歌う鎮魂の意より、廃墟となった都趾に立って懐旧の思いにふける情感のあふれた素晴らしい歌を詠んでいる。

古へに恋ふらむ鳥はほととぎすけだしや鳴きし吾が念(も)へるごと　（巻二―一一二）

〈昔を恋う鳥であるらしいほととぎすは、おそらく私が昔を偲んでいるような気持ちで鳴いたのでしょう。〉

額田王の歌である。若き日の天武天皇との間に十市皇女を産み、のちに天智天皇に召され、天智天皇亡きあと、再び天武天皇に宮中に召された額田王は、すでに歌わぬ人となっていた。華やかに激しく生きた額田王は、浄御原の宮廷にあって、いったい何を思い出していたのだろう。額田王の愛した人は天武天皇であった。その人もすでに逝ってしまった……と、つぶやくように詠んだたった一首の歌、ここには空しさに近い懐旧の思いが漂っている。

さらに万葉集の中には近江の都を見て、時の移り変わりに、人の生きざまに思いを馳せた高市黒人(たけちのくろひと)の歌がある。

古への人にわれありやさざなみの故(ふる)き京(みやこ)を見れば悲しも　（巻一―三二）

〈近江の都の栄えた頃の人ではないのに、荒れてしまった古い都を見ると悲しさがこみあげてくる。〉

さざなみの国つ御神の心(うら)さびて荒れたる京(みやこ)見れば悲しも　（巻一―三三）

〈さざなみの国を守る神の心が荒れてしまったために荒れ果てた都を見ていると、うら悲しいことである。〉

高市黒人の伝記は何もわかっていない。万葉集に旅の歌が十五首と疑問とされる三首があるばかりである。その歌は人間的な哀愁を深くたたえて、孤独寂寥(こどくせきりょう)の思いに包まれている。人間のわびしい思いをたたえた自然詠を万葉集の中ではさきがけて歌ったことで新しい叙景の歌風を開いた重要な歌人であるのに、その生没年代はまったくわからない。ということは、一般の人人が歌を単に生活の必要で詠むだけでなく、芸術の域に高めるまでに詠むようになった証(あかし)である。それだけ人々の生活が文化的になったということであり、人々の生活のゆとりが生まれたということである。

それはとにかく、天智天皇の造った近江の都は、今は荒れ、忘れられ、時折り訪れる人々の懐旧の思いをさそって止まなかった。

現神天武天皇の明るさ

天武天皇は明るい人だった。万葉集にその人柄を示す次のような歌がある。

天皇、藤原夫人に賜ふ御歌一首

わが里に大雪降れり大原の古りにし里に落らまくは後　（巻二―一〇三）

〈私の里に大雪が降ったけれど、あなたの住んでいる大原（のような世に忘れられた）の里に降るのはもっとあとのことでしょう。〉

藤原夫人、和へ奉る歌一首

わが岡の龗に言ひて落らしめし雪の摧けし其処に散りけむ　（巻二―一〇四）

〈私の住む大原の丘の雷の神に言いつけて降らせた雪のくだけたのがそちらに散ったのでしょう。（何をおっしゃいますか、そちらが先でこちらの方に雪があとから降ったなんて）〉

藤原夫人は鎌足の娘の氷上娘女（ひがみのいらつめ）で、天皇との間に新田部皇子が生まれている。夫人とは天皇のそばに侍る妃よりは身分が低く、嬪（ひん）より高い、という地位。子の位は母がだれであったかによって決められていた。

一読してこの天武天皇の歌は明るくユーモラスで、藤原夫人の歌にも才気が感じられて好ましい。また次の天武天皇の歌もよく知られている。

よき人のよしとよく見てよしと言ひし芳野よく見よよき人よく見（み）　（巻一―二七）

〈昔のよい人が、よい所だ、とよくよく見て、よいと言った芳（吉）野を、よくごらん、よい人よ、よくごらん〉

六七九年五月五日、薬狩の行事のため皇后を伴い、草壁、大津、高市、川島、忍壁、志貴の六皇子を連れて吉野離宮に行幸したときに詠んだ歌である。薬狩といっても、薬草をとったり、薬用の男鹿を捕えたりするピクニックを兼ねた楽しい行事であった。

歌は八つの「よ」を重ね、リズミカルで形式・内容ともに明るい歌である。

このとき、天武天皇は五十九歳、皇后三十六歳、高市皇子二十七歳、草壁皇子十九歳、大津皇子十八歳、忍壁皇子はまだ年少、川島皇子、志貴皇子は天智天皇の子で二十歳前後であったらしい。

薬狩の翌六日、天皇、皇后と六皇子が吉野離宮の庭を散歩していたとき、天皇は急に、

「朕、今日汝ら(いまし)とともに庭に盟(うけひ)して……」のちの患いをとろうと思うと言い出されると、もちろん六皇子は承知した。すると草壁皇子がすすみ出て、

「天神(あまつ)、地神、および天皇、相扶(たす)けてさからふこと無けむ……」

と誓いの言葉を述べた。すると、

「皇子たちは母親は違うが、同じ母をもつ兄弟のように仲よくしてほしい」

と言って天皇は六皇子を抱きしめた。

こんな芝居がかったことをして、草壁皇子に皇子たちの代表として誓いの言葉を言わせたのは、もちろん草壁皇子を皇太子に任命してもらいたくてたまらない鸕野皇后の必死のはからいだった。

その効あってか三年のちに、二十歳に達した草壁皇子は他の皇子をおさえて皇太子に任

命された。時に天武天皇六十二歳である。

天武天皇は旧勢力に押されて天皇の位を手中にした人だが、その施政方針は大化の改新以来の革新的方針を受け継ぎ、十五年間の在位中に氏姓の制定、古事の保存、冠位・礼法・律令の改正などの多くを手がけて成果をあげ、天皇が住まれ官衙（かんが）のあった浄御原には活力がみなぎっていた。

天皇の座と女性を争う兄弟

天武天皇には鸕野皇女（うののひめみこ）との間に草壁皇子、大田皇女との間に大津皇子と大伯（おおく）皇女があった。

さらに天武天皇には妃が十人いたし、姪にあたる天智天皇の娘だけでも四人が妃となっていた。大江皇女には長皇子、弓削皇子、新田部皇女には舎人皇子があり、それぞれに後継者がいたのだから皇太子や皇位を決めるには当然波風が立つ。

草壁皇子は大津皇子より一歳年上であり、大津皇子の母、大田皇女は早逝し、鸕野皇女は皇后となっていたため、当然、皇位継承には草壁皇子が優位だった。にもかかわらず、草壁皇子は病弱であったのに反し、大津皇子は性格も明るいうえに武を好み学問もよくし、節を守るので人望が高かった。大津皇子がこのようにすぐれた青年であることが、鵜野皇后の不安をかりたてた。そのうえ、さらに鵜野皇后の気持ちを逆撫でするようなことが万葉集の歌の中に見られる。

　大津皇子、石川郎女（いしかわのいらつめ）に贈る御歌一首

あしひきの山のしづくに妹待つとわれ立ち濡れぬ山のしづくに　（巻二―一〇七）

〈山のしずくの中であなたを待って私は立ったまま濡れてしまったのですよ、山のしずくに。〉

　石川郎女、和へ奉る歌一首

吾（あ）を待つと君が濡れけむあしひきの山のしづくに成らましものを　（巻二―一〇八）

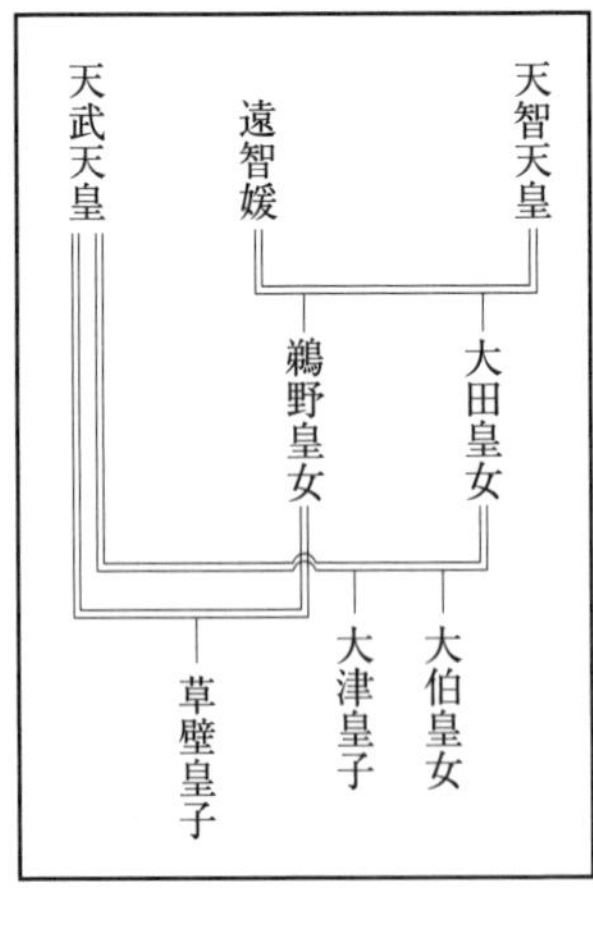

〈私を待ってあなたがお濡れになったという山のしずくに私はなりたいと思いますわ。〉

大津皇子が石川郎女に逢おうとして待ち続けたことを知らせると「あしひきの山のしづく」という言葉をそのまま使って石川郎女は歌を返している。歌には才気となんとも言えない女らしい艶が見られ、一読して石川郎女の心が大津皇子に寄り添うように魅せられていることがわかる。

大津皇子の歌からはわからないが、石川郎女が皇子に待ちぼうけを食わせたのではなく、石川郎女が来るだろうと勝手に皇子が待ち続けていたと思えてくるようなぴったり呼吸が合った二人の間である。

この二人の親密な仲を示す次の歌が万葉集に続いている。

大津皇子、竊かに石川女郎に婚ふ時、津守連通その事を占へ露はすに、皇子の作りましし御歌一首

大船の津守の占に告らむとはまさしに知りてわが二人宿し　（巻二―一〇九）

〈津守の占に出るだろうと、知っていながら私は二人で寝たことだ。〉

津守連通とは陰陽師で、二人の間を占いで露顕させたらしい。これはもちろん鵜野皇后から大津皇子の行動をスパイするよう命令されていたための行動だったろうし、またそのことを百も承知のうえで、大津皇子は石川郎女と寝たと豪放に言ってのけている。なお歌の詞書には「石川女郎」とあるが、これは石川郎女と同一人であろう。石川郎女は大津皇子の官侍女である。官侍女と寝てならないというわけでないし、好きな女と寝てどこが悪い、と若者らしく大津皇子は開き直っている。

ところで大津皇子と睦(むつ)まじいこの石川郎女を草壁皇子が恋している。

日並皇子尊(ひなみしのみこのみこと)、石川女郎に贈り賜ふ御歌一首
大名児(おほなご)を彼方(をちかた)野辺に刈る草(かや)の束(つか)の間(あひだ)もわれ忘れめや　（巻二―一一〇）

〈大名児を、むこうの野辺で刈る草のひと束(つか)の束、その束の間も私は忘れはしないの

です。〉
日並皇子とは草壁皇子のことで、日と並ぶ皇子というおおげさな名前、日とは太陽であり、日の神であり、天皇のことである。だから日並皇子とは天皇と並ぶ者という意で摂政というほどのこと。この名前も草壁皇子を天皇にしたくて仕方のない鵜野皇后の発案によると思われる。

　大名児は石川郎女の実名、草壁皇子は石川郎女を片時も忘れられないと歌い、この歌を送っているが、万葉集で見るかぎり、石川郎女は草壁皇子に歌を返していない。どこか弱々しい草壁皇子を石川郎女は好きになれなかったらしい。

　草壁皇子の即位にとって第一の競争相手である大津皇子にその恋人を寝とられて指をくわえて見ているわが子草壁皇子が可愛く哀れなだけに鵜野皇女はもう悔しくてたまらず、いやが上にも大津皇子の存在が気になって仕方がなかった。大津皇子さえいなければ……と思いつづけたことであろう。

　母は違っても、兄弟が皇位を争い、しかも同一の女性を争った、というドラマを万葉集はこうして語っている。

14 古代、天皇家血の争乱

「明日香風都を遠みいたづらに……」

――大津皇子　処刑、廃都飛鳥に佇む柿本人麿――

大津皇子の処刑

天武天皇十四年（六八五年）九月、天皇は病に倒れると皇位の問題が切実になって来た。天武天皇にはたくさんの皇子がいて、それぞれの皇子を擁立する勢力があって、皇太子草壁皇子がすんなりと即位できる態勢にはなかった。鸕野皇后はもう気が気でなくついに巧みな一計を案じてこれを実行に移した。

天武十五年七月十五日、病床の天武天皇が鸕野皇后と草壁皇子を枕許に呼び、「天下の事は大小を問はずことごとく皇后および皇太子に啓せ」と詔したと発表したのである。真偽のほどはだれにもわからないが、ただこの詔によって大津皇子は朝政から遠ざけられてしまった。

天皇の病は重く、九月九日に崩御されると、大津皇子の身辺には俄かに重苦しい空気がただよい出した。身の危険を察知した大津皇子は、伊勢神宮の斎宮であったただ一人の姉、大伯皇女にひそかに逢うために伊勢へ旅立った。

大伯皇女は斉明天皇七年（六六一年）の半島遠征のとき、備前の大伯の海で生まれた。弟の皇子は博多の娜の大津で生まれて、早くに生母を亡くし、しかも戦乱のただ中で生まれたということからくる二人の親愛の情は並々ならぬものがあった。

父、天武天皇の死をいたみ、身辺に迫る危機感に疲れた大津皇子は、たった一人の姉に逢うことで身心を慰めたかったのであろう。豪放な皇子も母のふところに甘えるように無条件で姉のやさしさに触れてみたかった。英雄といわれる人には心底から女に甘える一面がある。

大伯皇女は十四歳で伊勢の斎宮になって、都をあとにして以来十二年間も伊勢にいたのだから、大津皇子にとって肉親とは、父の天武天皇ただ一人だけだった。それだけに大津皇子の身辺は寂しかったが、その寂しさゆえに磨かれた感性が、皇子をこの上ない詩人として育てあげたともいえよう。
ひそかに逢いにきた大津皇子を再び大伯皇女は大和へ旅立せる時の歌が二首残されている。

わが背子を大和へ遣るとさ夜深けて暁露にわが立ち濡れし　（巻二―一〇五）

〈夜がふけてから弟を大和へ帰そうとして見送ったまま、佇んでいると、夜は更けて未明の露に濡れてしまったことです。〉

二人行けど行き過ぎ難き秋山をいかにか君が独り越ゆらむ　（巻二―一〇六）

〈二人で行っても（ものさびしくて）通り過ぎにくい秋の山を、弟はたった一人でどのように越えていったのでしょう。〉

風雲ただならぬ都へ重い足どりで帰って行く弟の身の上を思い、その心情を思い、暁の露に濡れるまで立ちつくした大伯皇女のなんというやさしさ……。そこには深くて純粋なきょうだい愛が息づいている。早くに母を失った二人は離ればなれになったために互いの身の上を案じ「どうぞ幸せでありますように」と互いに祈る思いで暮らしていたことであろう。

大伯皇女が斎宮（いつきのみや）になったのは、高貴な生まれながら結婚を許されず、男子をもうけて皇位継承者に加わることを拒（こば）まれたということである。清らかという名誉だけを与えられて、女として、人間としての幸せを強奪されたということである。

古い三輪の神々をさしおいて、伊勢大神宮の天照大神を国家の主神としてまつったのは天武以後の律令制の整備とともにすすめられたことで、伊勢神宮行幸に際して三輪高市麿が国家の宗教政策に反対し敗れてその職を辞しているが、三輪高市麿だけでなく、大伯皇女もまた国家の宗教政策上の犠牲者の一人であった。

姉の大伯皇女に逢い大和に帰った大津皇子は十月二日、謀反が発覚した、として捕えられた。

天武天皇の殯宮（もがりのみや）のとき、草壁皇子に対し謀反をたくらんだという理由である。それも新羅僧行心の占いに出ただけという、いかにもでっち上げの感がある理由によっての逮捕である。

新羅僧行心が大津皇子に向かって「骨子は人臣の相でなく下位にいると身を全うできない」と言って謀反をすすめた、という。

大津皇子が捕えられたとき、八口朝臣音橿、壱岐連博徳、中臣朝臣臣麿、巨勢朝臣多益須など三十余人がともに捕えられている。大津皇子を擁立する人々の捕えられた中にあって同じく捕えられた僧行心はいかにも罪が軽く、鵜野皇后の意を汲んで策動したことの偽装としか考えられない。

天武天皇亡きあと、鵜野皇后は皇后制を称して権力を掌中にしてわが子草壁皇子に皇位を継がせるための策を弄した。

もちろん草壁皇子の即位をおびやかす筆頭が大津皇子である。大津皇子を亡き者にしさえすれば草壁皇子の皇位は安泰である。大津皇子さえ亡き者にすれば、その他の皇子やその周辺の人人は皆おそれて、めったなことでは不穏な動きをしなくなるであろう、と鵜野皇后は考えた。

大津皇子は十月二日に逮捕され、翌三日には何の調べもなく強引に死を賜わった。

天皇崩御の一ヵ月も経たぬうちにこうして大津皇子は処刑された。年齢わずかに二十四歳。

大津皇子、被死らしめらゆる時、磐余の池の陂にして涕を流して作りましし御歌一首

ももづたふ磐余の池に鳴く鴨を今日のみ見てや雲隠りなむ　（巻三―四一六）

〈磐余の池に鳴く鴨を見ることも今日を限りとして、私は死んで行くことになるのだろう。〉

磐余の池は、大津皇子の訳語田の邸にあったらしい。現在の桜井市の付近である、とされているが今は残っていない。死を前に詠んだこの歌の淡々とした歌いぶりゆえに、かえって悲しみの深さが伝わってくる。現世を象徴するものとして鴨を使い、鴨を見るのは今日が最後と詠むことで、この世のすべてに別れを告げている格調の高い歌である。

処刑が告げられ、死を覚悟した大津皇子は達観したのか次の漢詩を『懐風藻』に残している。皇子は詩人としてもすぐれていた。

五言臨終一絶

金烏臨西舎　　金烏西舎に臨み
鼓声催短命　　鼓声短命を催す
泉路無賓主　　泉路賓主無し
此夕誰家向　　この夕べ誰が家にか向う

〈太陽は西の家に沈もうとし、時刻を知らせる鐘の音が命を縮めるように響いてくる。黄泉には案内客がいないのでどう行っていいやら行く方も知れないままこの夕べ死出の旅に私は一人で、だれの家に向かうことか。〉

突然の刑死にも少しもあわてることなく、すべてあるがままと苛酷な運命をうなずく大津皇子のなんという強さ、静けさであろう。

この短い一編の詩からだけでも、いかに大津皇子の肝がすわり、そして詩才があり詩文にもすぐれていたかがわかる。

大津皇子が刑死したとき、天智天皇の娘で大津皇子の妃となっていた山辺皇女は、悲しみの余り裸足で走って行き、まだ体温を残している大津皇子の屍に身を投げて殉死したと『持統記』に記されている。当時、殉死は法で禁止されていたが、山辺皇女にとって大津皇子は生命だった。愛し信じた夫の死に殉ずる美しさ。形のうえでは髪をふりみだし声を上げて泣き自らの生命を絶ったのではあっても、女としてかけがえのない幸福の絶頂で死に得た山辺皇女に私は羨望する。

この人のためなら、何もかも捧げていい、私の時間も、思いも、能力も、肉体も、生命さえもすべてを捧げていいと思える男性に逢えた女性は幸せである。たとえよそ目にはその男がどのように見られていても。

伊勢神宮斎宮の職を解かれた大伯皇女は都に着くまでは大津皇子の処刑を知らされていなかったらしい。愛する弟に逢えると喜んで帰って来た大伯皇女は弟の死を知るや、悲しみの淵に突き落とされてなす術(すべ)を知らなかった。

大津皇子薨(かむあが)りましし後、大伯皇女伊勢の斎宮より京に上る時の御作歌(みうた)二首

神風(かむかぜ)の伊勢の国にもあらましをなにしか来けむ君もあらなくに　(巻二―一六三)

〈(神風の)伊勢の国にいればよかったものを、何のために都へ来たのだろう。(あんなに逢いたいと思っていた)弟はもうこの世にはいないのに。〉

見まく欲り(ほり)わがする君もあらなくになにしか来けむ馬疲るるに　(巻二―一六四)

〈逢いたいと思う弟がもうこの世にいないのに何しに来たのだろう。馬が疲れるだけなのに。〉

「馬疲るるに」という簡明な表現は秘められた悲しみの深さを伝えずにはおかない、張りのある、それでいてやさしい歌である。

十月三日に処刑された大津皇子の屍が二上山(ふたかみやま)——奈良県北葛城郡の西で男岳・女岳の二峰がある。その男岳の頂上——に葬られたのは翌年の馬酔木(あしび)の咲くころだった。

謀反人として処刑された大津皇子ははじめはどこかの山かげにでも葬られていたのだろうか。気の強い鵜野皇后ほどの人が世間の批判や大津皇子への同情などで改葬するはずはないが、病弱な草壁皇子の体調が思わしくなく、皇子の具合が悪いのは大津皇子の祟りだ、などと噂されては放っておけず、謀反人としては異例の改葬をすることにした。それも景勝の地二上山の頂上に、である。鵜野皇后はたぶん大津皇子の霊に向かって、次のようにでも言ったに違いない。

「あなたの罪は晴れましたので、二上山の頂上に手厚く葬ります。ですから安心して静かに永遠にお眠りください。この世と決してかかわりを持たないで……」

大津皇子が葬られた二上山

大津皇子の屍（かばね）を葛城（かつらぎ）の二上山に移し葬（はふ）る時、大伯皇女の哀しび傷（いた）む御作歌（みうた）二首

うつそみの人にあるわれや明日よりは二上山を弟世（いろせ）とわが見む　（巻二―一六五）

〈この世の人である私は、あしたからは二上山を弟と思って眺めましょう。〉

磯のうへに生ふる馬酔木を手折らめど見すべき君がありと言はなくに

（巻二—一六六）

〈岩の上に生えている馬酔木を折って見せたいと思う弟が、この世にいるとだれも言ってはくれないことです。〉

亡き弟を思う大伯皇女の真心のこもった素朴なこれらの歌は、いつの時代のどんな人の心にも感動を呼び起こさずにはいない。こんなにも弟思いでやさしい薄幸の皇女の歌はその後万葉集にはない。どんな生涯を送ったのであろうか、その片憐すら知ることはできない。

鵜野皇后の即位

大津皇子を殺してまで草壁皇子の即位をはかった母鵜野皇后の苦心をよそに、草壁皇子の病は重くなり、天武天皇崩御のわずか二年半ののち七歳の軽皇子を残して帰らぬ人となった。二十八歳であった。

病弱な草壁皇子はおとなしく優しい人で、兄弟のように育った大津皇子が自分ゆえに処刑されたと知って平気で生きていけるほど図太い神経の持ち主ではなかったのかも知れない。

天武天皇が亡くなった時点で、すでに皇太子で相当の年であった草壁皇子がすぐに即位できなかったのは、朝廷内に気力・体力ともに弱々しい草壁皇子の即位を危ぶむ声がかなりあり、その勢力の多くは大津皇子を推して憚らなかったからと思われる。

鵜野皇后も、それに対して少しでも宮廷内の意見をまとめ、草壁皇子が即位してもやっていけるだけの基礎固めをするための時間が必要と考え、即位を強行できなかったのであろう。

草壁皇子に死なれて、これほどの苦労をしてきたのに、と鵜野皇后は涙したに違いない。このとき、草壁皇子への挽歌を詠んで鵜野皇后を慰めた柿本人麿が認められて以後、宮廷歌人として活躍することになる。

鵜野皇后は意を決して草壁皇子の亡くなった翌年、それまでの称制をやめて自ら即位した。すなわち持統天皇である。もちろん草壁皇子の子、軽皇子の成長を待つための即位である。即位すると飛鳥浄御原をあとにして都を藤原宮に遷した。今の奈良県橿原市高殿の地で、西に畝傍山、東に香具山、北に耳成山を望み、西北に飛鳥川の清流がある景勝の地で平城遷都までの十六年間の都となった。その新しい都で持統天皇は次のように歌っている。

春過ぎて夏来たるらし白栲(しろたへ)の衣乾したり天(あめ)の香具山(かぐやま)　（巻一―二八）

〈春が過ぎて夏がやってきたらしい。まっ白な衣が天の香具山に干してある。〉

たっぷりとした日の光の中で緑と白の鮮やかな色彩の対比の見事さ。さわやかな季節感を詠んだ歌としては万葉の中の魁(さきがけ)であり、持統天皇の澄明な歌才とさわやかな感性を示して余りある。

持統天皇は藤原宮で七年間、夫の政治を引き継ぎ、軽皇子が十五歳を迎えるや待ちかねたように位をゆずった。文武天皇である。
　ところで藤原宮に都を移したあと、廃都飛鳥浄御原の地はどうなっていただろうか。天智天皇の皇子、志貴皇子は廃都となった飛鳥浄御原の盛んだった頃を偲んで次のように歌っている。

　　采女（うねめ）の袖吹きかへす明日香風都を遠みいたづらに吹く　（巻一―五一）

〈いつも采女のはなやかな袖を吹き返していた飛鳥の風も都が遠くなり、さびれてしまったので、今は空しく吹いていることだ。〉

　かつては華やいでいた飛鳥の都。そこには喜びと痛みが、愛と憎しみが、善と悪が、美と醜が、渦巻いていた。それか今はただひっそりと静まって廃都の上を吹く風は世のうつろいのはかなさを告げるのみである、と。

解説　深い悲しみと愛憎を秘めた万葉集の人間ドラマ

中津攸子『令和時代に万葉集から学ぶ古代史』に寄せて

鈴木比佐雄

1

浅草に生まれ長年にわたり市川に在住する中津攸子氏は、小説、歴史、紀行文、エッセイ、講演録、絵本など七十数冊もの著作物をすでに刊行している作家・歴史家である。作家以前には国府台女子学院教員で小中高の子供たちを教えた経験からか、中津氏の文体は率直な語り口で事実に基づいた真実を伝えていこうとする冷静な筆致だ。と同時に解明できない人間の内面の深層に近づくために、想像力を駆使して誰も語られていない仮説をこれまでも提起してきた。特に十冊近くの古代史に関する著作物は、万葉集に関わりのある歴史研究書であった。

この度、中津氏は古代史や万葉集の知見を駆使した『令和時代に万葉集から学ぶ古代史』を新たな令和時代の幕開けに刊行した。中津氏は「はじめに」で本書の試みの主要な三点を語っている。

　一つ目は〈『万葉集』は日本最古の歌集であり、日本文化の原点で、約四千五百首の歌が集められている。歌の作者は全国津々浦々の老若男女、天皇から乞食まで、あらゆる階層の人々であることは、世界的に見て誇るべき特筆である。〉と万葉集が世界でも類例のない広汎な民衆の詩歌から成立していると言い、もっとその価値を身近に知るために、中津氏独自の読解を物語ろうと考えている。

　二つ目は〈万葉の歌からこの時代のドラマを読み取ってみると、あながち単純、明朗、素朴、率直、ますらおぶりだけが万葉の歌の代表的な素質ではなく、陰湿、傲慢、駆け引きなど人間の持つすべてのありようが表現されている。そこには古代だから素朴、率直、明朗などと考える現代人の憧れなど、ものの見事に打ち砕く内容がある。〉と古代人が現代人と勝るとも劣らないほど複雑な内面を抱えていて、それらを読み取ることで古代史の謎に近づけると同時に、現代人の深層をも照らし出していることを示唆している。

　三つ目は〈『万葉集』の内容は愛の歌『相聞』、死を悼む『挽歌』、その他『雑歌』に大別される。（略）もちろん『万葉集』の中心は舒明天皇（在位六二九～六四一）以後の百年である。その証のように七世紀中葉から八世紀中葉にかけての歌が多く収録されている。

（略）大和朝廷の誕生以来、朝廷内にうごめいていた勢力争いが、聖徳太子の文化運動やら、中大兄皇子の「大化の改新」を経て、決定的な皇室の勝利に終わる異常に緊張した時代の終焉が「壬申の乱」であり、この過程をさりげなく歌で綴っているのが『万葉集』であるとも言える。〉と古代史の歴史的登場人物たちの内面を叙事詩として読み取れるのであり、また古代史を生々しく学ぶことの想像的な解釈の面白さを教えてくれている。

2

本書は十四章に分かれ、古代史の登場人物たちの短歌・長歌などを引用し丁寧に解釈していく。

1の舒明天皇の「夕されば小倉の山に鳴く鹿は今夜は鳴かず寝ねにけらしも」（巻八―一五一二）では、〈歌の背後の天皇のわびしさが見えた。鹿の鳴き声をただ待っている天皇の心はだれの心の奥底にひそんでいる「孤絶」の世界を見つめていたのだ。〉と、先代の推古天皇の摂政・聖徳太子の跡を継いだ舒明天皇が蘇我氏一族に権力を奪われていく「わびしさ」を読み取っている。

2の「神代より　生れ継ぎ来れば　人多に　国には満ちて（略）」（巻四―四八五）から

始まる長歌と「山の端にあぢ群騒ぎ行くなれどわれはさぶしゑ君にしあらねば」（巻四―四八六）などの短歌は、崗本天皇（舒明天皇）と前書きに書かれてあるのに、作者は宝皇女（後崗本天皇で斉明天皇）だと言う説が定説だったという。しかし中津氏は作者が原文に書かれている通り舒明天皇だと主張する。なぜなら短歌で「君」を使用するのが男だとは限らない場合もあり、男が「君」を読む例を挙げながら、長歌の中の言葉使いに男らしい視点も見出している。このように俗説にとらわれないで、原文にそって作者の思いを読み取る姿勢が中津氏には貫かれている。例えば中大兄皇子が母である斉明天皇（宝皇女）が亡くなった時の短歌「君が目の恋しきからに泊ててゐてかくや恋ひむも君が目を欲り」（日本書紀）などを引用し、男でも「君」を使用する例として挙げている。また中津氏は宝皇女（後の斉明天皇）が「舒明天皇から甘い歌が贈られても、腹が立ちこそすれ、うれしくはない。」と推測し、「勝気で行動的な宝皇女は、中大兄皇子の皇位継承をあきらめない。どこまでも、馬子や蝦夷に食い下がり」、蘇我一族から権力を奪い返すことを使命とする烈女の姿を浮き彫りにさせている。

3の中臣鎌足と「大化の改新」を成し遂げた中大兄皇子の「君が代もわが代も知るや磐代の岡の草根をいざ結びてな」（巻一―十）という歌を読むとなんと純情な恋心を持った皇

子だと理解できる。しかしその相手は兄を慕う妹の間人皇女であった。その間人皇女の「わが背子は仮廬作らす草無くは小松が下の草を刈らさね」の歌は、まさしく相聞の歌であり、現代人でははかり知れない古代の愛の在り方に想像を膨らませることが出来る。中津氏は「実の兄への恋に燃える間人皇女の陰影が、ここではなぜか清楚で神々しいまでの女らしさを感じさせるのは、この贈答歌のもつ無邪気な明るさのためかも知れない。」と当時の愛の在り方が現代の常識とは異なることを告げている。それはこの万葉集を編纂した者が、天皇と豪族一族のあまりの凄まじい殺し合いの権力争いの当事者たちにも、深い人間愛が秘められていたことを伝えるために兄と妹の愛の物語を作り上げたのかも知れない。たぶん中津氏はそのことを伝えるためにこのような「大化の改新」の歴史的な記述の後にこれらの短歌を紹介したのだろう。

4の中大兄皇子の「香具山は　畝火を愛しと　耳梨と　相あらそひき　神代より　斯くにあるらし古昔も　然にあれこそ　うつせみも　嬬を　あらそうらしき」（巻一―十三）では、「大化の改新」の後に、大和三山に託してその想いを語っていると中津氏は読み解いていく。「香具山が中大兄皇子、耳梨山が孝徳天皇、女らしい畝火山がもちろん間人皇女である。」と中津さんはほぼ断定する。それ以前に中大兄皇子と実の妹の間人皇女が愛し合っていたことを3の二人の短歌で確認していたこともあり、叔父の孝徳天皇の皇后として妹がその役目を果たさざるを得ない複雑な思いを記していることが理解できる。

最終章14の天武天皇の娘の大伯皇女の〈二人行けど行き過ぎ難き秋山をいかにか君が独(ひと)り越ゆらむ〉と息子の大津皇子の〈ももづたふ磐余の池に鳴く鴨(かも)を今日のみ見てや雲隠りなむ〉の短歌を紹介しながら、天皇家一族に生まれた姉が弟を案じる深い想いが伝わってくる。また弟の大津皇子は、義母である後の持統天皇が草壁皇子などを天皇にするために命を奪われることを悟ってしまうのであり、その深い悲しみやこの世の儚さも伝わってくる。中津氏は残された大伯皇女の〈うつそみの人にあるわれや明日よりは二上山を弟世(いろせ)とわが見む〉と〈磯のうへに生(お)ふる馬酔木(あしび)を手折(たお)らめど見すべき君がありと言はなくに〉を引用し、「亡き弟を思う大伯皇女の真心のこもった素朴なこれらの歌は、いつの時代のどんな人の心にも感動を呼び起こさずにはいない」と語っている。

中津氏は「大化の改新」以後の天皇家と有力な豪族たちとの権力闘争とその人間模様を、短歌や長歌などの和歌の中に染み入るように読み取っていく。そんな千年以上前の深い悲しみと愛憎を秘めた万葉集の人間ドラマを多くの人びとに読みとって欲しいと願っている。

中津攸子（なかつ・ゆうこ）略歴

東京都台東区浅草に生まれる。東京学芸大学卒。元国府台女子学院教諭。日本ペンクラブ・日本文藝家協会・俳人協会・大衆文学研究会・国際女性教育振興会・全国歴史研究会各会員。市川市民芸術文化賞・市川市民文化賞奨励賞・中村星湖文学賞・北上市文化振興感謝状・市川市政功労賞・市川市文化スポーツ功労感謝状。千葉商科大学評議員・市川学園評議員。投稿誌『新樹』主宰。

【主な著書】

▽俳句とエッセイ
『風の道』角川書店・『風わたる』角川書店・『戦跡巡礼』コールサック社・『風の丘』・龍書房

▽小説
『小説　松尾芭蕉』新人物往来社・『真間の手児奈』新人物往来社・『和泉式部秘話』講談社出版・『怨霊蒙古襲来』彩図社・『怨霊忠臣蔵』彩図社・『吉良義周の諏訪流し』日本ペンク

ラブ電子文藝館・『天平の望郷歌』新人物往来社・『流れ星・吉良忠臣蔵秘話』龍書房・『助産婦　吉野たま』真美社・『坪井玄道』千葉印刷・『大宮源次郎』三郷社・『義民・松丸徳佐衛門』千葉印刷・『北上に鬼剣舞あり』龍書房

▽歴史

『かぐや姫と古代史の謎』新人物往来社・『みちのく燦々』新人物往来社・『下総歴史人物伝』崙書房・『市川の百年』郷土出版社・『市川の歴史』市川よみうり新聞社・『戦国武田の女たち』山梨ふるさと文庫・『風林火山の女たち』総合出版社歴研・『蒙古襲来と東北』龍書房・『東北は国のまほろば　日高見国の面影』時事通信社・『万葉の悲歌』新人物往来社・『武田氏の祖は高麗王か』山日出版・『吉良上野介の覚悟』文芸社・『吉良上野介の覚悟』(電子出版)文芸社・『消されていた東北の歴史』龍書房・『万葉集で読む古代争乱』新人物往来社・『万葉集の中の市川』珠玉社・『やさしい日本の女性史』総合出版社歴研・『わがまち市川』郷土出版社

▽紀行文

『ロシア世界遺産紀行』千葉印刷・『南アフリカ世界遺産紀行』千葉印刷・『市川歴史さんぽ』エピック社・『京成沿線歴史散歩』エピック社・『葛飾を歩く』NTT出版・『観音札所のあるまち行徳・浦安』中山書房・『沖縄世界遺産紀行』真美社・『インドネシア旅行記』三郷社・『こんにちは中国』崙書房・『スリランカ世界遺産紀行』新樹の会・『楽山・峨眉山・成都紀行』龍書房

▽エッセイ
『たった一つの真実』中山書房・『いろは歌』中山書房・『あなたのままでいいのです』龍書房・『六輪の花』真美社
▽講演集
『真間の手児奈入水の謎』龍書房・『消されていた東北の歴史』龍書房・『二十一世紀の女性の生き方』龍書房・『宮本武蔵の覚悟』龍書房・『風林火山・武田氏の興亡』龍書房・『伝えたい家族のきずな』龍書房・『幸せに生きる』龍書房・『源義経の覚悟』龍書房・『東北の輝き』龍書房
▽絵本
『平将門』珠玉社・『曽谷の百合姫』すがの会・『奉免の常盤井姫』すがの会・『真間の手児奈』すがの会・『ぜんろくさん』三郷社・『ままのつぎはし』新樹の会・『宮久保むかし昔』三響社・『市川にきた一茶』三響社
▽共著
『大日本鳥類写生大図譜』（山階鳥類研究所）講談社・『差別表現を考える』（日本ペンクラブ）光文社・『私を変えたことば』（日本ペンクラブ）光文社
▽その他
『詩歌をたずねて「旅の途中」』龍書房・『豊かに生きる』知活社

［編註］

本書には、今日からみると不適切と見なされる語句や表現が用いられている箇所がありますが、差別や偏見を助長する意図はないこと、また、作品の時代背景を鑑みて、原文のまま掲載しました。

中津攸子『令和時代に万葉集から学ぶ古代史』

2019年5月30日初版発行
著　者　　　　中津　攸子
編集・発行者　鈴木比佐雄
発行所　　　　株式会社コールサック社
〒173-0004　東京都板橋区板橋2-63-4-209号室
電話　03-5944-3258　FAX　03-5944-3238
suzuki@coal-sack.com　http://www.coal-sack.com
郵便振替　　00180-4-741802
印刷管理　株式会社コールサック社　制作部

装画　鈴木靖将　　　　装丁　奥川はるみ

ISBN978-4-86435-391-5　C0021　￥1500E
落丁本・乱丁本はお取り替えいたします。